英語アクティブラーニング

教室に魔法をかける！
英語ディベートの指導法

加藤 心
Shin Kato

（現役中学英語教師）

ENGLISH ● DEBATE

まえがき

　「使える英語」を子どもに身に付けさせるには、英語で討論させることが有効です。そして英語で討論できるようにさせるためには、TOSS（型）英会話（以下、TOSS英会話）ディベートが有効です。

　中学英語で英語による討論が成功した例は今までにありません。メモを見ないで、手に何も持たずに英語で討論を繰り返すという例がありませんでした。

　しかし、「聞く」「話す」を同時に指導するTOSS英会話を土台として英語を指導することにより、生徒たちは、今聞いたばかりのことに対して即座にディベートをずっと続けることができるようになりました。

　従来のディベート指導は、「モノローグ指導」と「書くこと」を指導の中心に置いているので、セリフが決まった英語劇に近いものでした。聞いたばかりの相手の意見に即座に返す力が弱かったのです。

　ほとんど反論ができません。

　しかしTOSS英会話によって、初めてそれができるようになりました。

TOSS英会話は、中学校や高校で行われている現在の日本における英語教育に、正面から異を唱えます。
　現在の英語教育とは指導原理が根本的に異なります。
　現在の英語教育は、一文ずつ分けて教えるモノローグ指導です。文部科学省検定済み教科書の全てが、「基本文」「ターゲット・センテンス」を提示して、文法知識を1つずつ「教える」構造になっています。
　これに対してTOSS英会話は、「基本対話」「ターゲット・ダイアローグ」を提示して、口頭のやりとりを知識ではなく技能として「できる」ようにさせていきます。
　「聞く」と「話す」を同時に指導するためです。
　コロンブスの卵的なこの発想は、TOSS英会話が日本初です。
　向山浩子氏が開発したTOSS英会話を土台にしたディベート指導法、これが「TOSS英会話ディベート」です。
　「TOSS英会話」と「TOSS英会話ディベート」を通し、英語で討論できる力、使える英語力を子どもたちにプレゼントしましょう。

2015年6月6日　加藤　心

目次

まえがき　　2

第1章
英語でやりとりを続ける中学生たち　　9

1. 即興のやりとり　　10
2. 「TOSS英会話ディベート」の特殊性　　11
3. 「TOSS英会話ディベート」は追試可能　　13
4. 英語力とは　　14

第2章
「モノローグ指導」から「ダイアローグ指導」へ　　19

1. 教える単位は「文」か「対話」か?　　20
2. TOSS英会話の誕生　　30
3. TOSS英会話にとって、「状況設定」が命　　36

コラム　中間テスト・期末テストの作り方①　　40

第3章

「TOSS英会話ディベート」の指導原理と指導順　41

1. 「TOSS英会話ディベート」と、従来のディベートとの比較と分析　42
2. 「TOSS英会話ディベート」の指導ステップ　50
3. 新・手順① 「対話」の中で「意見」と「理由」を言わせる　55
4. 新・手順② ディベートの「手本」、「判定の仕方」と反復練習　60
5. 新・手順③ 「便利な表現」と練習　66
6. 新・手順④ 音声によるディベート　72
7. 新・手順⑤ 文字を見せるタイミング　73
8. 「TOSS英会話」とは？　77
9. コラム　中間テスト・期末テストの作り方②　80

第4章

2種類の文法指導　81

1. 英語教育が信じる文法指導の誤った仮説　82
2. 文法の無意識学習　84

目次

第5章
カリキュラム内のディベートの位置づけ　89

1. 2文ダイアローグ → ダイヤモンド・ダイアローグ →　90
   TOSS英会話ディベート → 英語の指名無し討論 → 英語の論文
2. 無制限に続く高速会話　92

コラム　音読は完璧！　でも話せない優等生　98

第6章
小学校から大学までの英語指導全体構造　99

1. 英語が使えるようにする指導提案　100
2. 必要な語彙数　102
3. 語彙獲得のための指導方法　106
4. 文法指導の必要性　112
5. 中学校における文法指導と筆記テストの関係　115
6. どの学年でどの程度の「機能」を学ぶべきか　119
7. 知的発達段階　123
8. 資料（連続型テキスト）を読ませる指導法　125

コラム　脳内でどの回路を使っているかの違いは　128
　　　　スピーチの失敗の仕方に表れる

第7章

追試報告　　　　　　　　　　　　　　　　　129

衝撃のディベート映像
1. 夏の衝撃　　　　　　　　　　　　　　　　130
2. 追試開始　　　　　　　　　　　　　　　　131
3. 大失敗の第1回ディベート大会　　　　　　135
4. 第2回ディベート大会　　　　　　　　　　136
5. 2年生VS3年生のディベート対決　　　　　137
コラム　TOSS英会話は追試可能です　　　　140

第8章

Q&A　追試に向けてここが聞きたい　　141

あとがき　　　　　　　　　　　　　　　　144

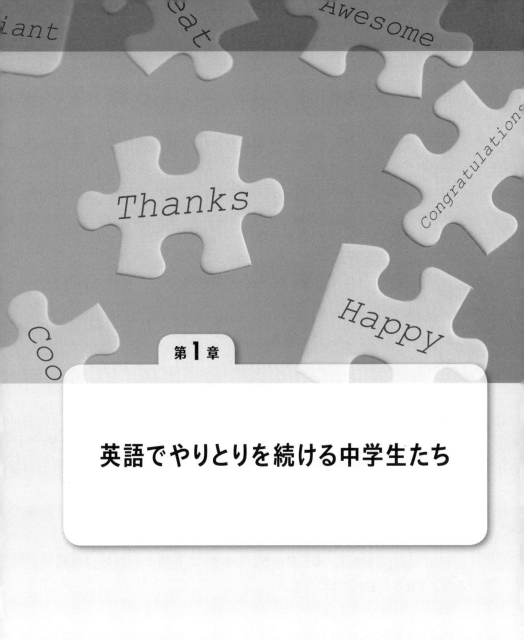

第1章

英語でやりとりを続ける中学生たち

1 即興のやりとり

　中学生たちが、英語でやりとりを続けています。
　彼らは普通の公立中学校の、普通の中学生たちです。
　自分の目の前で、自分の生徒たちが、英語で、しかもかなりの高速でやりとりを続けるのです。
　そんな中学生の育て方を紹介します。

　英語教師にとってそのような光景は、2011年以前は夢のまた夢でした。
　少なくとも私にとっては夢のまた夢でした。
　しかも、そんな情報は見たり聞いたりしたことはありませんでした。
　私なりに一生懸命調べましたが、そんな報告は1つもありませんでした。
　とはいえ、似たような実践は見つけました。
　ディベートする前に意見を相手に見せ、反論を紙に書いて用意した状態で、決まったセリフを言い合うという英語ディベートについては本やDVDで知っていました。
　しかし、そこまでが限界でした。

　ところが2012年現在、**セリフを予め決めずに、英語でディベートを続ける中学生たちが生まれたのです。**
　1人や2人の優秀な生徒だけではありません。
　クラスの全員が、なのです。
　しかも、普通の公立中学校の話です。
　これを目にした中学英語教師たちは、「奇跡だ」と言いました。
　なぜそういうことが可能になったのでしょうか？

理由は、そういう子どもを大量に育てる指導法が2012年に開発されたからです。

まさにコロンブスの卵であり、わかってしまえば誰にでもマネができる方法でした。

その方法で育てられた中学生たちは、次の条件の下で、英語でディベートをするのです。

①ディベートする前に、相手がこれから言う意見を知らされない。
②相手の意見に対する反論を予め用意しない。
　よって、セリフが決められていない。
③手に何も持たない。机の上にメモ（カンニング・ペーパー）を置かない。

そんな条件の下でも、中学生たちは手ぶらで英語のディベートを続けることができるのです。

そんな生徒を育てる指導法を、「TOSS英会話ディベート」といいます。

2 「TOSS英会話ディベート」の特殊性

TOSS英会話ディベートは、一般に言われるディベートとは次の点で異なります。

特徴1　発言の順番、時間を決めない。自由に発言する。

一般的なディベートは、次のような順番で進められます。
　　1　肯定側　立論
　　2　否定側　尋問
　　3　否定側　立論
　　4　肯定側　尋問
　　5　否定側　反駁①
　　6　肯定側　反駁①
　　7　否定側　反駁②（最終弁論）
　　8　肯定側　反駁②（最終弁論）

　そして、それぞれ時間が決められています。1～8それぞれが、2分とか3分です。

　これに対して、TOSS英会話ディベートは、発言の機会も時間も保障されていません。
　発言したければ自ら話す意思を持ち、発言をしなくてはいけないのです。
　前者と後者、どちらが良いのでしょうか？
「それは人それぞれ好みだ」と言われてしまうかもしれませんが、私のねらいと照らし合わせると、後者のほうが良いのです。
　後者じゃないとだめなのです。
　私は、「**相手の英語を聞いてすぐに意図を理解し、すぐに英語で応答できる力**」を鍛えたいのです。
「やりとり」をする力と言った方がわかりやすいかもしれません。
　この「やりとり」の力こそが心臓部なのですが、第2章でくわしく述べます。

> 特徴2　準備時間を設定しない。

　一般的なディベートにおいては、上の1〜8までの各段階の前に1〜3分間の「準備時間」が与えられます。
　しかし、TOSS英会話ディベートでは、準備時間は一切ありません。
　準備時間の有無は、どちらの方が良いのでしょうか？
　私は後者が、無い方が良いと思います。
　理由は、先ほどと同じで、私は「**相手の英語を聞いてすぐに意図を理解し、すぐに英語で応答できる力**」を鍛えたいからです。
　「やりとり」をどんどん続ける力を鍛えたいのです。

3　「TOSS英会話ディベート」は追試可能

　私は、2013年の夏、TOSS中学JAPANセミナーの英語分科会で「TOSS英会話ディベート」を初めて紹介しました。
　机上にメモが無い状態で英語でやりとりを続ける生徒たちの姿に、会場の70名の参加者の皆さんは大変に驚きました。
　当時、TOSS型中学英語授業研究会のリーダー、私の尊敬する田上善浩氏にも褒めていただきました。
「どうして中学生があんなに話せるのだろう？」
「英語で聞いてすぐに英語で切り返せるのはどうして？」
「どうやって指導したの？」
　そのような声が多かったです。

しかしながら、驚くことに、夏休み明けの2学期、長野県の清水陽月氏が1か月半くらいで追試に成功しました。

　つまり、「奇跡だ」と言われた実践でも、これは奇跡で終わらず、**他に伝えることができる実践**なのです。

　誰でも追試ができるのです。

　TOSSは、全て公開し、隠し財産にしません。

　ぜひ、セミナーにいらしてください。

　著作権など、法律の制限はありますが、なるべく広め、多くの方々に役立てていただこうと思います。

　机上にメモを置かない中学生の英語ディベート。

　つまり、カンニング・ペーパー無しの中学生による英語ディベート。

　これに関する資料、セミナー、メルマガをTOSS型中学英語授業研究会は発信しています。

　より多くの子どもたちと教師の役に立てるよう、この本も役立てていただければ幸いです。

4　英語力とは

　結論は以下のとおりです。

> 英語力 ＝ 英語でやりとりができる力

　優先順位をつけたとき、No.1に来るものは、英語で「やりとり」ができる

ことです。

「情報の行き来」と言っても良いです。

「英語でのやりとり」ができることがNo.1であり、発音、文法力などは、「やりとり」の質を高めるための補助的な部品にすぎないのです。

　実は、このそもそものおさえが、今の英語教育に一番欠けていることです。

　子どもたちは、迷っています。

　何が英語力なのかをわからず、とりあえず先生に言われたとおりに一生懸命努力しているのが現状です。

　なぜ、生徒は迷っているのでしょうか。

　原因は、先生も何を教えるべきなのか迷っているからです。

　研究授業や事後研究会では、それぞれの先生が思いついた様々な工夫が提示されます。

　そして、一番肝心な「やりとり」をなぜか避けるように、他のことを先生方は一生懸命教えています。

　単語のビンゴ。スペル暗記のためのゴロ合わせ。音読リレー。フォニックス。発音の連結。

　それらはもちろん無駄ではありませんが、優先順位をつけると、No.1に来るものではありません。

「やりとり」がNo.1に来るべき最も大切なものなのに、これがなおざりにされているのです。

　したがって、

> 英語で「やりとり」する力を授業の中心にしよう！

が、私が今の英語教育界に対して一番言いたいことなのです。
　一文を言うだけではなく、相手の英語を聞いてすぐに理解し、すぐに応答し、それを繰り返す力です。

　研究会などで飛びかうように次々と提案される指導法の内、どの指導法がどのくらい有効なのかを判断するときに、子どもの英語力に**「英語でのやりとり」あるいは「情報の行き来」が有るのか無いのか**で判断するとすっきりします。
　これがわかりやすいです。
　この本の各章で述べることも全て、この「やりとり」が根拠になっています。
私がこの本で主張することの全ては、この「やりとり」に根拠があります。
本書では、一貫してこの「やりとり」を主張し続けます。
　言い換えれば、この「やりとり」さえ十分におさえていただければ、もうこの先を読む必要はないくらいです。
　つまり、ゴールが「英語でのやりとり」とはっきり決まれば、何が良くて何が悪いかが全てはっきりするのです。
　2つの指導法を比べたとき、**どちらの方が効果がより高いかを判断できるようになります。**
　結果、英語教育界全体がどんどん前進することができます。
　英語教育界が、昔からずっと
「(実践的)コミュニケーション能力を育てよう」
「英語が使える日本人を育成しよう」
　と実用的な面を切実に訴え続けているということは、裏を返せば、まるで前進していないということです。
　その理由は、何が良いか悪いかの判断が不明で、いわば「何でもあり」

の状態だからです。

　様々な工夫が交流されるだけでは、見た目には盛り上がっている研究に見えますが、英語教育は前進しません。

　何が良くて何が悪いのかをはっきりさせるのは、感情的に負担がかかりますが、何とかその負荷を乗り越えるからこそ、前進できるのです。

　前進させましょう。

　そのためには、ゴールと評価基準をはっきりさせることが第一歩です。

身に付けさせるべき英語力 = 英語でやりとりができる力

　ところで、「やりとり」「情報の行き来」とは具体的に何なのでしょうか。

　結論、**間を空けず心地よいリズムで会話を楽しむこと**です。

　外国人と英語で話していて、いちいち間が空いてはシラケてしまいますね。

　相手がイライラしてしまいかねません。

　やはり、簡単な内容の会話であれば、毎回長い間を空けるようなことは避けたいですね。

　会話の場面と、討論の場面では間の長さが少し異なりますが、私は次のように「やりとり力」を定義します。

英語でやりとりができる力 =
　相手の意見を聞いてすぐに賛成[反論]や応答することが、
　短時間で何度もできる力

これが「英語力」としてのゴールです。
　これが幹であり、発音、文法などは、枝葉（えだは）です。
　従来の、そして現代の英語教育は、幹であるはずの「やりとり」がほとんど無いのに、枝葉ばかりを強調しすぎなのです。
　枝葉が間違いだと言っているのではありません。
　よく誤解をされますが、発音や文法をするなと言っているのではありません。
　幹の「やりとり」があった上での枝葉であるべきなのです。
　優先順位をつけると一番上に来るべきものがないがしろにされ、周辺のものばかり扱われているのが現状です。
　現在あるものに、「やりとりを中心に入れましょう」と言っているのです。
　この「やりとり」が不在なのです。

　英語の授業に「やりとり」が設定されれば、英語の授業がもっと楽しくなります。
　子どもたちに、英語での「やりとり」力をつけてあげれば、子どもたちはもっと笑顔になります。
　卒業後、英語での「やりとり」ができれば、もっと人生が楽しくなります。
　人によっては、仕事でも役に立ちますし、時として英語でやりとりができるという実践力は、とてつもなく自分自身を有利な立場においてくれることもあります。
　良いことだらけです。
　考えるだけでもワクワクしてきます。
　そういう方向に進みましょう。
　そういう子どもたちの育て方を次の章で明らかにします。

第 2 章

「モノローグ指導」から「ダイアローグ指導」へ

1 教える単位は「文」か「対話」か？

現代の英語教育において、「やりとり」は本当に軽視されているのでしょうか。

現代の英語教育とTOSS英会話を比較してみましょう。

結論、

> 学校英語では、**文を単位に**教える。
> TOSS英会話では、**対話を単位に**教える。

学校では教科書を中心に授業が行われていますね。

教科書は、1つのPart（見開き2ページ）で1つの文を新しく例示し、1つの文法を教えます。

その1つの文は「基本文」と呼ばれます。

あるいは、「ターゲット・センテンス」と呼ばれます。

これに対して、**TOSS英会話は、1つの対話（ダイアローグ）を基本単位として教えます。**

これを「ターゲット・ダイアローグ」といいます。

文部科学省検定済教科書の『New Horizon 1』（東京書籍）を例に見てみましょう。

これは日本の中学校で広く使われている教科書です。

Unit 1のPart 1が14ページにあります。

中学1年、最初の単元の最初のパートです。

このページの基本文を次に引用します。

> 基本文
>
>   **I am** Sakura.

1文です。
この1文を使って、「be動詞」という1つの文法を教えます。
教科書は「1つの文で1つの文法」というように、文法を1つずつ教えることを積み重ねる構造になっています。
「文法シラバス」といいます。

TOSS英会話は異なります。
TOSS英会話で「I am Sakura.」を教えたいなら、下のように「対話（ダイアローグ）」に変換し、問答をセットで扱います。

> Q：Are you Sakura?
> A：Yes, I am. **I am** Sakura.

これから示す教科書の例も全て同じパターンですが、

> 肯定文 → 疑問文に変形 → 否定文に変形

というパターンで教科書は構成されています。
疑問文は「be動詞を前に出して〜」という説明です。
否定文は「be動詞の後ろにnotを入れて〜」という説明です。
どこかで聞いたことはありませんか。

「あぁ、自分が中学生だったときもそのように習ったな〜」と思い出す方も多いと思います。

　学校で使われる教科書だけではなく、塾も、参考書も、**日本の英語教育では「肯定文→疑問文に変形→否定文に変形」という順で教えます。**

　1つの文で1つの文法知識を教えるのです。

　昔から変わっていません。

　話を『New Horizon 1』に戻しましょう。

　ページを1枚めくると、Unit 1のPart 2があります。

　ここでは、be動詞の疑問文が導入されています。

　このページの基本文を以下に引用します。

基本文

　　　　　You are Becky.

　　　Are you　　Becky?　——　**Yes**, I am.

とあります。

　肯定文を疑問文に変形しました。

　「be動詞を前に出して〜」というおなじみのアレです。

　ページを1枚めくると、否定文への変形です。

　このページには、Unit 1のPart 3があります。

　このページの基本文を以下に引用します。

> 基本文
>
> Are you from Canada? —— **No**, I'm **not**.
> I am **not** from Canada.

　以上のような例は教科書にはたくさんあります。
　一般動詞、三単現（三人称単数現在形）、助動詞、現在進行形、過去形についても同様です。
　証拠として、以下に基本文を引用します。
　『New Horizon 1』20ページ Unit 2のPart 1の基本文。

> 基本文
>
> **This is** my desk.
> **That is** my desk.

　肯定文を単独で教えています。
　「モノローグ」です。
　この後、疑問文への変形です。

　『New Horizon 1』22ページ Unit 2のPart 2の基本文。

> 基本文
>
> That is a fish market.
> **Is that** a fish market?

　次に一般動詞の例。

『New Horizon 1』28ページ Unit 3のPart 1の基本文。

> 基本文
>
> **I like** soccer.

1文を単独に教える、モノローグ指導です。
次のページで疑問文に変形します。

『New Horizon 1』30ページ Unit 3のPart 2の基本文。

> 基本文
>
> I play the piano.
> **Do** you play the piano? — Yes, I **do**. / No, I **do not**.

「Doを前において〜」というおなじみのアレです。

『New Horizon 1』32ページ Unit 3のPart 3の基本文。

> 基本文
>
> I have a car.
> I **do not** have a car.

肯定文 → 疑問文に変形 → 否定文に変形 の流れ。

続いて、三単現の例。

『New Horizon 1』50ページ Unit 6のPart 1の基本文。

> 基本文
>
> I　　　live　in America.
> Nancy live**s** in America.

『New Horizon 1』52ページUnit 6のPart 2の基本文。

> 基本文
>
> She speaks Japanese.
> **Does** she speak　Japanese?
> ── Yes, she **does**. / No, she **does not**.

『New Horizon 1』54ページUnit 6のPart 3の基本文。

> 基本文
>
> She　　　　knows the rules.
> She **does not** know　the rules.

　現在進行形、助動詞（can）、過去形も同様です。
　肯定文のみを教える（モノローグ指導）ページが先にあって、次のページで肯定文や否定文に変形する流れなのですが、これ以上はもう省略します。

　ちなみに、私の勤務校で使っている教科書は『ONE WORLD 1』（教育出版）ですが、同様の流れです。
　教科書は全社、1文ずつを教えます。
　教科書は、「モノローグ指導」が指導原理なのです。

これに対して、TOSS英会話は、指導単位は「対話」です。
「対話」とは「ダイアローグ」のことです。
1文ではなく、2文で生徒に提示します。
「I like soccer.」だけを単独で教えません。
必ず、「問い」と「答え」をセットで同時に扱います。
例えば、教科書の都合上「I like soccer.」という表現を生徒に指導する場合、次のようなダイアローグに変換して指導します。

変換例1

Q：Do you like soccer?

A：Yes, I do.　I like soccer.　／
　　No, I don't.　I don't like soccer.

あるいは、次の例でも良いです。

変換例2

Q： What sport do you like?

A： I like soccer [tennis, baseball, ...].

向山浩子氏はTOSS英会話のことを、「状況設定つき聞く話す同時指導法」と表現しています。

「1文」と「対話」、どちらで教えるのが良いのでしょうか。
文字を通して教える「ターゲット・センテンス」と対話を通して教える「ターゲット・ダイアローグ」、どちらが良いのでしょうか。

向山浩子氏は脳科学の知見を根拠に挙げています。

> (1)音声言語を聴いて、意味を把握しつつ、
> (2)しっかり声を出して応答のことばを発した時
> (3)ブローカ野とウエルニッケ野は繋がる
>
> のである。
> それがlisteningとspeakingを同時に学ばせなければならない理由である。「ブローカ野とウエルニッケ野を繋げる」これが学習者への英会話指導の第1歩である。
>
> 向山浩子『TOSS英会話指導はなぜ伝統的英語教育から離れたか』
> 東京教育技術研究所、2007、p.38

向山浩子氏は、listeningとspeakingを同時に学ばせることが、英会話指導の第一歩だと述べています。

つまり、1文ではなく対話にせよ、モノローグではなくダイアローグで指導せよと言っているのです。

そしてそれは、**英会話指導のみならず、ディベートや討論などの意見や反論のやりとりにおいても、「listeningとspeakingを同時に学ばせ」、英語情報を「行き来」させることを連続してどんどん行わなければならない**ということが、わかったのです。

結論、従来型でディベートを指導するよりも、TOSS英会話を土台にして指導した方が、あらゆる点で良さそうだと言えます。

これからご紹介する拙実践は、ディベートそのものの力としても、そして使える英語力を育てるための場の提供という点でも、「英語教育にTOSS英会話を位置付けた方が良い」と主張できる証拠の1つだと思います。

> 　会話というのが、相手の話しかけで、自分の聴覚が感知し、それへの応答を返して、また相手が応答して、さらに自分が答えるというやり取りの繰り返しであるならば、会話の神経回路は会話の練習を通して身につくとしかいいようがない。
> 　　　　　『TOSS英会話指導はなぜ伝統的英語教育から離れたか』p.42

　私がセミナーで提示した証拠映像は、これに近い形でやりとりを繰り返していました。
　単発に「意見を言う」型を教えたり、「反論を言う」型を教えるだけでは、一方通行の「モノローグ」なので効果的でありません。
　ディベートや討論も「やりとりの繰り返し」なので、TOSS英会話を土台に指導するしかないという結論になるのです。

　モノローグで文法を1つずつ教えて、
「生徒諸君！　あとは自分で組み合わせてやりとりを続けてくれ！　討論をしてくれ！」
　と願っても、それは**従来のモノローグ英語教育であり、「やりとりや討論にたどり着けなかった」**という事実が、従来の英語教育の間違いを証明していることになります。
　従来のモノローグ指導で、フリー・ハンド（手に何も持たず）のディベートや討論を達成した実践は、過去に無いのです。

今の普通の大人たちの英語力の低さが、生きている証拠です。
　自分がTOSSに学んでいるからひいきするわけではなく、冷静に判断し、TOSS英会話の威力を肌で感じています。

> ことばを身につけさせる教育は、習熟系、演習系の学習である。発話に関する脳エリアのブローカ野は、別名「運・動・言語野」である。発話は運動なのだ。(中略)
> 習熟系の学習は、最初に大きなゴールとしての目標を趣旨説明して納得させた後は、ひたすら習熟活動をさせるのがもっとも効果的である。
> 　　　　　『TOSS英会話指導はなぜ伝統的英語教育から離れたか』p.18

　「意見の言い方」「理由の言い方」「反論の仕方」を1つずつ別個に教えても、使う練習をしないと使えるようにならないということです。
　「英語でやりとりできるようになるためには、やりとりの練習をする」ことが良いのです。
　言われてみれば当たり前のことです。

　TOSS英会話ダイアローグ指導においては、相手が言って、それに対して自分が言うという練習を繰り返します。
　つまりやりとりを練習するのです。
　やりとり練習の無い、あるいは少ない従来のモノローグ指導では、フリー・ハンドのやりとりができない理由がわかります。

2 TOSS英会話の誕生

　第2章の第一項で述べたとおり、**現在の英語教育は1文を指導単位とする「モノローグ指導」**が原理です。
　しかし、**TOSS英会話は対話（ダイアローグ）を指導単位とする「ダイアローグ指導」**が原理です。
　これがすべてを左右する根本的な違いです。

　今までは、1文をバラバラに教えていました。
　よって、
　①相手の発言を聞いて理解する
　②それに対して答える
という2つをつなげることがあまりうまく指導できませんでした。
　さらに、一往復だけではなく、①と②のやりとりを何度も重ねるということなど、夢物語でした。
　listeningとspeakingを別々に指導していたからです。

　よくあるlisteningの指導風景は例えば次のようなものです。
　　1．教師がCDを聞かせる
　　2．内容について質問をする（英語でも日本語でもよい）
　　　　True or False　でもよい

　よくあるspeakingの指導風景は例えば次のようなものです。
　　1．スピーチ原稿などを書かせる
　　2．それを音読練習させる

3．それを暗記させる
4．人前で言わせる

よくあるreadingの指導風景は例えば次のようなものです。
1．ひたすら音読させる
あるいは
2．／（スラッシュ）で区切りながら黙読させる

よくあるwritingの指導風景は例えば次のようなものです。
1．和文英訳の練習をさせる
2．スピーチ原稿や日記などの題材を与え、空欄補充のようにフォーマットを与え、そのフォーマットに沿って書かせる
　例：I like（　　）．
　　「（　　）に好きな食べ物を書きましょう。」
　　I'm on the（　　）team.
　　「（　　）に所属している部活名を書きましょう。」

このように4技能がすべてばらばらに指導されていました。
しかし最近、4技能の統合が叫ばれるようになりました。
統合とは、くっつけることです。
聞いたことに対して話すとか、読んでからそれについて意見を言うとか、そういうことです。
これも英語を「使う」という点で効果がありますね。
具体的にイメージしてみましょう。
1分くらいスピーチを聞くとか、文章を読みます。

次にそれについて、話すとか、書くとかします。

情報が往復していますので、「やりとり」がありますね。

しかし、やりとりという点で、TOSS英会話と同じでしょうか。

もし異なるとしたら、何が異なるでしょうか。ちょっと考えてみてください。

私は2点異なると思います。

1つ目は、交わされる情報量です。

1往復にかける時間と言ってもいいでしょう。

TOSS英会話や、TOSS英会話ディベートは高速で進みます。

先ほどの統合の例（31ページ下）は1往復ですね。

TOSS英会話や、TOSS英会話ディベートは何往復もします。

高速だからです。TOSS英会話が高速な理由は次の2点です。

　1．文字を介さない

　2．英語の音声を頭の中で翻訳せず、英語のまま理解する

2つ目は、訳さないことです。

高速からもたらされる恩恵ですが、英語を日本語に訳している時間が無いので、自動的に「訳さない」で英語を理解します。

インプット（聞く）もアウトプット（言う）も両方においてです。

先ほどの例は1〜2分、時間が空くので、訳す時間が生まれます。

TOSS英会話は訳しません。

訳せません。

訳す時間が無いから、訳せるはずがないのです。

向山浩子氏が言う「聞く話す同時指導法」です。

イメージとしては、頭がスパークしつづけるのです。

やりとりを何度も重ねると、聞くたびに、言うたびに、スパークするイメー

ジです。

　切り返すたびに何度もスパークします。

　これは「英語劇」とは異なります。

　英語劇は見た目は速く会話をして（インプットとアウトプットを繰り返して）いるように見えますが、もともと決まっているセリフを暗唱しているだけなので、「インターラクション＝情報の行き来、やりとり」ではないのです。

　聞いた英語を英語のまま理解した上で応答しているわけではないので、本当の「やりとり」ではありません。

　だからスパークしないのです。

　同じ理由で、「書くこと」が先に来る（つまり、原稿を先に作る）従来のスピーチ指導もスパークしません。

　やりとりが指導過程になく、情報の行き来（＝インターラクション、やりとり）がないのです。

　いずれスピーチで使う予定のたくさんの表現を、教師がメモ用紙に列挙し、それらをダイアローグの形に変形させてTOSS英会話で指導するとよいでしょう。

　その後にスピーチという言語活動をするとよいでしょう。

　同じ理由で、道徳の授業の最後に1文や2文程度の意見を英語で生徒に言わせる授業もスパークしません。

　やりとり（インターラクション）になっていません。

　温暖化問題、領土問題、食料問題、道徳的な題材などを内容として扱って、授業の意見や感想を英語で言わせても（書かせても）、それはやりとり（インター

ラクション)ではありません。
　たとえ生徒が感動の涙を流したとしても、英語学習という点では、「インプット」と「アウトプット」がどんどん連続して行われていないので、英語を「使う」という点で、あまりトレーニングになっていません。
　言いっぱなしなので、スパークしません。
　一方通行です。

　しかし、「教師の英語をずっと聞いているのだから、インプットになっており、有効だ」と思われる方もいるかもしれません。
　なるほど、そうかもしれません。
　しかし、私の感触では時間が圧倒的に足りないと思います。
　よく英語のシャワーなどといいますが、これではスポイトの滴くらいです。
　ネイティブの子どもが言語を獲得するのに匹敵するくらいの時間、そういうインプットを与えれば有効かもしれません。
　そういう授業を毎日、一日中やれば、有効かもしれない、という感覚です。
　イマージョン教育並みにやれば可能かもしれません。

　また、「意見」を言わせているように端からは見えますが、「ディベート」や「討論」ができるようにはならないのです。
　情報の行き来(インターラクション)が無いからです。
　これが従来の指導法の限界でした。
　これが「使える英語」まで生徒を導けない根本原因です。
　やりとりのトレーニングが無いために、スパークしないからです。
　英会話や英語でやりとりができる大人がほとんどいないことが証拠です。
　だから、TOSS英会話ダイアローグ指導は革命なのです。

2文ダイアローグ指導、つまり状況設定つき「聞く」「話す」同時指導の登場が如何に重要であり、革命の根幹であるかということです。
　これこそが教科書の「ターゲット・センテンス」に代表される従来のモノローグ指導との決定的な違いであります。

> しかしながら、自分で自分の声を聴くだけでは、まだ、フリートークに至る自然会話能力は育成できない。モノローグにしか過ぎないからだ。会話は相手があってこそ成り立つ。相手はどんなことばをかけてくるか、不明だ。ことばをかけられて、瞬時に応答ができるような能力は、モノローグでは育たない。
> 　　　　　　　『TOSS英会話指導はなぜ伝統的英語教育から離れたか』p.41

> だから、モノローグや音読、単語の音読練習やアルファベットの発音で開始する回路とは異なった回路なのである。英語のスピーチ練習や英語劇などもダメである。会話に見えても、決まりきった英文や役割が固定したセリフを覚える練習をするだけだから、フリーな会話能力獲得には繋がらない。
>
>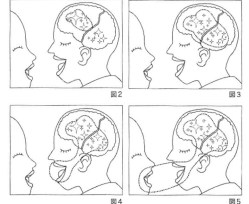
>
> 2) 英会話の神経回路は脳内のどこにできるか
>
> 　　　　　『TOSS英会話指導はなぜ伝統的英語教育から離れたか』p.43

3 TOSS英会話にとって、「状況設定」が命

　TOSS英会話において、最も大切なことは何かと問われれば、私は「状況設定」と答えます。
　状況設定なくしては、単語のリピートも、問答練習も、文字通り意味がありません。
　意味を理解せずに発話の訓練を繰り返しても、発音の正しさ以外、何も脳に入っていかないでしょう。
　それどころか、子どもは退屈してしまうでしょう。

　7～8年前、ある学生のTOSS英会話の模擬授業を見ました。
　状況設定が無い授業でした。
　しかし、それ以外は、本当に素晴らしく、よく練習してきた跡をうかがわせるものでした。
　単語のリピートは笑顔もリズムも良かったです。
　答え方の練習も、質問の練習も終始笑顔でした。
　ただ、きっと子どもはダイアローグの意味を理解できないだろうなぁと思いました。
　大人相手の模擬授業ですから、授業者が言っている英語を理解できます。
　よって、授業はスムーズに流れます。
　しかし、大人は授業者の英語から意味を理解したのです。
　子どもはそうはいきません。
　子どもは英語がわからないのですから。
　英語で意味をわからせる工夫が無いがゆえに、せっかくの笑顔の良さも、リズムの良さも、指示の明確さも無駄になってしまいました。

これと対照的な模擬授業を見たことがあります。
　北海道十勝のTOSSお茶しましょ（代表　永山祐）の例会で、加藤美紀氏がTOSS英会話の授業をしました。
　なんと、中国語で授業しました。
　10年前なので、詳しいことは忘れましたが、中国語がわからない子役の先生方もダイアローグの意味を理解して授業がスムーズに進みました。

　これら2つの事例は対照的です。
　状況設定以外は、両者とも素晴らしかったです。
　両者とも、笑顔も、リズムも、指示の短さと明確さも良かったです。
　そこまでは同じだったのですが、1点だけ、状況設定の有無のみが異なりました。
　前者の例では、子どもは意味もわからずに、リピートをすることになります。
　後者の例では、子どもは意味がわかった上で、リピートします。
　よって、後者の例では、学習者は、**場の状況と英語の音をまるごと脳にインプットすることができる**のです。
　結論、状況設定なくして他のことが全てうまくいっても、授業全体として、学習効果がなくなってしまうのです。

　神経科学者の山鳥重が、ことばは、そのままの文の順序通り文字通りに受け止められ理解されるのではないと次のように述べている。
　①「最初は、大雑把な水準から理解がはじまっている。（中略）一番大雑把な段階というのは状況そのものの理解だ。」（『対談　心とことばの脳科学』山鳥重、辻幸夫 共著、大修館書店、p.93）
　②「そういう枠組みの中で、何か命令されたとか、何か質問されたと

> か（中略）大きい枠組みは理解できるわけです。」（同上、p.94）
> ③「その後で、"目をつぶってください"と言われたときには"何か体を動かさないといけないな"というような次の段階の理解がくる。」（同上、p.95）
> つまり、まず状況の大枠の把握、次にセンテンス全体の文脈の把握、最後がセンテンス自体の分析的な把握だという。それを山鳥は「言語生成の三層構造」（同上、p.95）という。
> 中でも状況把握の重要性を強調する。
> 　　　　　　　　『TOSS英会話指導はなぜ伝統的英語教育から離れたか』p.119

　山鳥氏は状況の把握が最初に来ると言っており、状況把握の重要性を強調しています。

　TOSS英会話の主張する「状況設定」が、ことばの理解において如何に大切で的を射ていたかが示されています。

　先の2つの事例において、前者は言語生成の三層構造において、1番目からつまずいてしまっていたのです。

　後者の例は、1番目と2番目のクリアまで行ったのです。

　3つ目の「センテンス自体の分析的な把握」までは行っていませんが、TOSS英会話はもともとそこまではねらっていません。

　TOSS英会話のねらいは口頭コミュニケーション力の育成ですので、目的達成と言えます。

> ヒトの脳は、映画のシーンのように、状況や場面も含めて会話のパターンを脳裏に刻みつける。そういう総体としてのパターン入力が得意なのである。

『子どもが話せるTOSS型英会話指導』
向山浩子、2006、東京教育技術研究所、p.11

　英単語や熟語や例文のリストを配付することは広く行われています。
　しかし、なかなか頭に入りません。
「be interested in 〜 は、　〜に興味がある」
「take care of 〜 は、　〜の世話をする」
「Did you study English yesterday? ／　Yes, I did.」
　などを、単発におぼえるのは苦しいです。
　特に、勉強の苦手な子どもは落ちこぼしてしまいます。
　そうではなく、**状況、場面を与えて、その中で対話練習をさせることによっ**て、子どもは「**ことばと場面をまるごとインプット**」するのです。

> コラム

中間テスト・期末テストの作り方①

　中学、高校の教師ならば定期テスト（中間テスト・期末テスト）を作らねばなりません。「どのように作るべきですか？」という質問をよくいただきます。ここでは筆記によるテストの作り方についてお話しいたします。
　まずテストには2種類あります。
　到達度をはかるテスト。これを「到達度テスト」と呼ぶとします。
　習熟度をはかるテスト。これを「習熟度テスト」と呼ぶとします。
　「到達度テスト」とは、教師が生徒に教えたもの、暗記するよう指示したものの全体の内どのくらいの割合覚えているかをはかります。
　ここで結論を言ってしまうと、定期テスト（中間テスト・期末テスト）はこれに入ります。
　一方「習熟度テスト」とは、技能面（といっても会話テストはこの場合入れないが）であり、応用編です。
　比較しながら述べます。
　「到達度テスト」の例は、定期テスト、単元テストなどです。
　「習熟度テスト」の例は学力テスト、入試、英検、TOEFL、TOEICなどです。
　実際の出題問題の例は次のコラムで述べます。

第3章

「TOSS英会話ディベート」の指導原理と指導順

1 「TOSS英会話ディベート」と、従来のディベートとの比較と分析

　第1章で述べたとおり、2013年まで、中学校で英語ディベートを指導している教師はほとんどいませんでした。
　そんな現状の中、中学英語教育界には、カリスマ英語教師がいました。
　仮にA氏とします。
　A氏はTOSSの教師ではありません。A氏は中学英語教師を引退し、現在は大学の教授です。中学校の英語ディベートと言えばA氏です。今でも、英語教育界で氏の名前を知らない人はいないと思います。
　A氏が中学校で英語ディベートを実践したころ、TOSS英会話は存在していなかったので、A氏のディベート指導が、現在私が提案しているTOSS英会話を土台にしたディベート指導（＝TOSS英会話ディベート）とは異なって当然です。

　そのA氏が中学英語教師の時、ディベートで有名な教授（仮にB氏とする）と協力して中学生に英語ディベートを指導したことがあります。
　私は両氏の大ファンだったので、この2人のコラボに大興奮しました。
　もちろんDVDも買いました。
　現在も入手可能です。
　ディベートで有名な実践家代表のA氏が、ディベートで有名な研究者代表のB氏と協力し、中学生に英語ディベートを指導したのです。

　さて、従来の指導法の最も成功した例として、A氏とB氏が協力して実践した日本最高峰であろう英語ディベートを取り上げます。

従来の「英語ディベート」と呼ばれるものと「TOSS英会話ディベート」は何が違うのかを、比較しながら理解していきましょう。

　A氏はディベート直前に各グループに意見を5つ書かせ、交換させています。

　私は初任のころから、この点に「えっ？　意見を相手に明かすの？」とびっくりしていましたが、当時の感覚ではこれは普通のことでした。
　A氏とB氏以外に、中学生に英語ディベートを指導する教師がいなかった時代のことですから、事前に相手に意見を公開することは普通の感覚だったのです。

　次に、10分間を与え、手元にある相手グループの意見に対する反論を用意させます。
　これも「えっ？」とびっくりしていました。
「相手がこれから言う5つの意見に対して、試合が始まる前に自分たちの反論を決めて、さらに英語訳もしてしまうの!?」
　これはモノローグ指導と言えますね。
　片方のグループが意見を言い、それに対してもう片方のグループが反論をし、「やりとり」の形にはなっていますが、事前に英文を作っておくので、実際はモノローグ指導なのです。
　日本語を介する時間がたっぷり与えられています。
　ウエルニッケ野とブローカ野がつながりません。
　脳内の英語回路形成の役には立っていないのです。

　そしてA氏のディベートでは、生徒は机上に「相手の意見の文」と「自分

たちの反論の文」を書いた紙がある状態でディベートを行います。
　従来の英語ディベートとは、机の上にメモ用紙がある状態で行っているのです。
　セリフがほとんど決まっているのです。
　よって、セリフを暗記していない場合は、いつでも紙を見て音読しながら行える状態にあります。
　これでは「ライブのやりとり」とは呼べないことはおわかりいただけると思います。

　これとは反対に、TOSS英会話（音声）を土台に組み立てた拙実践では、机上に紙は一切ありません。
　事前に互いの意見文を見せ合うこともありません。
　その場で初めて聞いた相手の意見にライブで切り返すことを要求しました。
　そもそも、「TOSS英会話ディベート」の役割は、生徒たちに「やりとり」の力をつけさせることです。
　初めて聞いた意見に対してすぐに理解しすぐに応答できる英語力をこそ身につけさせたいのです。
　そして、次の段階、つまり英語の討論につなげたいのです。
　これについては後述しますが、

TOSS英会話ディベートがゴールでなく討論のための布石

なのです。
　一方、A氏は氏のディベートのご著書の中で、「英語ディベートは中学校における一つのゴールだ」と書いておられます。

この「ライブでのやりとりを生徒に身につけさせられたかどうか」という点が、中学生に対するディベートとしては、A氏に代表される従来の英語ディベートと、TOSS英会話ディベートとの、指導原理および子どもの事実からみて決定的な違いがあるのではないかと私は思います。
　同時に、「英語ディベートのカリキュラム内での役割」という点でも両者は違うということがおわかりいただけると思います。
　英語ディベートが、従来の考えでは「ゴール」であるのに対して、TOSS英会話ディベートでは「討論のための布石」という違いです。
　これについても詳しくは後述します。

　A氏の実践はわざわざB氏を教室に招き、業者も入れ、DVD化し、全国に販売するほどの授業でした。
　まさに完成形でした。
　モノローグ指導の集大成、ゴールと呼んでも良いほど、大反響の実践でした。
　ちなみに、A氏の英語ディベートの本は今でも売っています。
　私は当時から3冊持っていました。
　自宅用、学校用、保存用です。

　1つのディベートはA氏も私も5分に設定しましたが、A氏の生徒の様子は次のようになりました。
　ディベート時間5分の内、最初の2分くらいまではお互いに事前に文字で用意してあることを言い（音読し）合いました。
　頑張って紙を見ないで言おうとする生徒も1人いましたが、その生徒以外は紙を読んでいました。

2分20秒のところで、他の（判定をしている）生徒たちから「おー」の声が出ました。
　これは、ある優秀そうな女の子が「ライブで返した」からです。
　ライブというのは、予め文字で用意してあったものを読んだのではなく、聞いたばかりの意見に対してすぐに反論できたということです。
　これは大変に素晴らしいことです。
　今聞いたばかりの英語を理解し、すぐに英語で反論できたのですから。
　まさにライブで返したのです。
　これこそが大切なのではないでしょうか。
　生徒がこのように成長した場面は評価に値します。

　しかし、こういう場面もたまには見られましたが、基本的には、生徒は「読んで」（音読して）、あるいは「暗唱」していました。
　私たち現代の英語教師は、ここから前進させたいですよね。
　A氏とB氏の偉業を、少しでも前進させたものを次の世代に引き継がねば、私たち現在の英語教師達は仕事をしたとは言えないですね。
　いつまでもA氏とB氏の英語ディベートが最高峰であっては、「あの世代（今の私たちのこと）は何をしていたのだろう」と未来の英語教師たちに言われてしまいかねません。

　一方、拙実践では、2012年に初めて完成したTOSS英会話ディベートは、最初の意見こそ事前に用意してあるので確かに「暗唱」でありますが、それ以降は**全て本番で初めて聞いたばかりの意見に対して「ライブでのやりとり」**が続けられました。
　何しろ、机の上に一切何も置かないので、相手の意見に耳を傾けるしか

ありません。

これを見た勤務校の同僚の英語教師は、「おぉ、よくもカンペ（「カンニング・ペーパー」のこと）も見ないでこんなことができるねー」と感想を述べました。

生徒はフリー・ハンド（手ぶら）でディベートを行います。

先にも述べましたが、A氏の実践では、生徒の机上には、相手の意見と自分たちの反論が書かれた紙があるという点が、異なる点です。

グループ・ディベートの比較
（A氏の従来型英語ディベートと加藤のTOSS英会話ディベート）

	項目	従来型の英語ディベート	加藤
ア）	ディベートの直前	①自分のチームが用意した5つの意見を紙に書いて、それを相手チームに渡す。つまり、本番の対戦で自分が意見を言う際、相手はそれを既に知っている。 ②生徒はディベート本番の前に10分間与えられ、相手がこれから本番で言う予定の5つの意見に対して反論を考え、紙にメモする。つまり、本番の対戦では、Aチームが「言う」（実際には紙を見て「読む」）意見をBチームは「聞き」（実際には事前に「読ん」で知っている）、それに対する反論をBチームが「言う」（実際には紙を見て「読む」）。	意見を交流させない。
イ）	机上	相手の意見と自分たちの反論が書かれた紙がある。	何も無い
ウ）	全発言回数	13回	18回
エ）	ウ）の内、ライブで発言した回数	1回	14回
オ）	発言と発言の間	合計　1分22秒 平均　6.8秒	合計　47秒 平均　2.7秒

以下に、上の表の解説を述べます。

ア）A氏のディベートでは、ディベートをする前に自分たちの意見をお互い紙に書いて交換しました。

さらに、相手の意見に対して自分たちがどう反論するかも10分間の中で決めました。
　それを英訳したものを紙に書いて残しておきました。
　これに対して、TOSS英会話ディベートは、事前に意見を交換しません。
　この目的は、今ライブで聞いたばかりの相手の意見を、ライブで反論してほしいという「思い」があるからです。
　教師側の意図としては、生徒に意味あるインプットの場をより多く与えたい、かつ文脈の中で意味あるアウトプットの場をより多く提供したいという思いがあります。
　もちろん**A氏も同様の「思い」**があると思います。

　しかし、ウ)の発言回数、エ)のライブの発言回数を子どもの事実として比較すると、**TOSS英会話を土台にした指導の方がその思いを「実現」するには有効**と言えそうではありませんか。
　これはア)、イ)が原因として大きいためであると言えます。
　特に文脈の中での内容のあるアウトプットという点では、エ)の**1回と14回**という差は大きいと思います。
　「ライブの発言」というのは、「全発言回数−(マイナス)机上の紙に目をやりながらの発言」です。
　また、予め用意してあった意見も除いてあります。
　つまり拙実践でも、18回の内4回(18回−14回)は、予め用意してあった意見です。
　新しい話題を切り出した意見です。
　攻撃、つまり、立論です。
　立論は、予め用意します。

オ) ディベート時間5分の内、A氏の従来型ディベートは1分22秒が沈黙でした。

加藤のTOSS英会話ディベートは47秒が沈黙でした。

平均すると、発言と発言の間は、6.8秒と2.7秒でした。

初めて聞いた意見に対して、2.7秒でライブで反論できるというのはなかなかのものです。

ディベートしていて、発言と発言の間が2.7秒なら、自然な方です。

結論、従来型で英語ディベートを指導するよりも、TOSS英会話を土台にして指導した方が、あらゆる点で良いと言えそうです。

拙実践は、ディベートそのものの力としても、そして**使える英語力を育てるための場の提供という点でも、「英語教育にTOSS英会話を位置付けた方が良い」と主張できる証拠**の一つだと思います。

ディベートだけに限らず、**英語教育そのものをTOSS英会話を土台にして組み立てなおす必要がある**のです。

これは何も加藤が最初に主張したことではありません。

TOSS英会話の生みの親は、向山浩子氏です。

そして、熊本の中学英語教師、田上善浩氏が2005年に、TOSS型中学英語授業研究会のメンバー全員に対して以下のように方針を明言しました。

> TOSS型中学英語授業はTOSS英会話の土台の上に構築する

2 「TOSS英会話ディベート」の指導ステップ

　従来のディベートとTOSS英会話を土台にしたディベートの違いを説明してきました。
　違いはライブでのやりとりの有無です。
　そして、後者は「指名無し討論」を目指しての布石です。
　従来、「英語ディベートは中学校の最終ゴール」と言われていましたが、TOSS英会話ディベートはゴールではありません。
　英語討論のために、あくまで「ライブでのやりとり」力を鍛えるための課題の1つにすぎません。

　この章では、TOSS英会話ディベートの指導手順を述べます。
　TOSS英会話ディベートの指導手順を「新・手順」と呼ぶことにします。
　これに対して、従来のディベート指導の手順を「旧・手順」と呼ぶことにします。
　理解をより深めるために、「新・手順」を「旧・手順」と比較しながら説明します。

　結論を先に言うと、両者の違いは主に2点あります。
　まず最大の違いは、**指導単位が「モノローグ（1文）」か「ダイアローグ（対話）」か**という点です。
　2つ目の違いは、**文字が先か、音声が先か**という点です。
　両者の違いを次にまとめます。

> 旧・手順
>   指導単位 …… モノローグ（1文ずつ、ターゲット・センテンス）
>   指導順序 …… 文字 → 音声

> 新・手順
>   指導単位 …… ダイアローグ（対話、ターゲット・ダイアローグ）
>   指導順序 …… 音声 → 文字

> しかしながら、自分で自分の声を聴くだけでは、まだ、フリートークに至る自然会話能力は育成できない。モノローグにしか過ぎないからだ。会話は相手があってこそ成り立つ。相手はどんなことばをかけてくるか、不明だ。ことばをかけられて、瞬時に応答ができるような能力は、モノローグでは育たない。
>   『TOSS英会話指導はなぜ伝統的英語教育から離れたか』p.41

まさにそのとおりであると今さらながら強く納得しています。

中学校でTOSS英会話にこだわり、「ことばをかけられて、瞬時に応答ができるような」ディベート力を生徒に見せつけられて、向山浩子先生の理論の正しさを思い知りました。

それにしても、それを10年も前から主張し続けていた向山浩子先生の理論の正しさにただただ頭を下げざるを得ません。

「旧・手順」を次の①〜⑤に述べます。

> 旧・手順① ……「意見」の言い方を教える
>
>   一番の特徴は「モノローグ」ということです。
>   一方通行の発言を、たくさん書かせて、たくさん言わせて、何度も練習させます。
>
> 旧・手順② ……「理由」の言い方を教える
>
>   これも同様に「モノローグ」です。一文。
>   一方通行。同様にたくさん書かせ、たくさん言わせ、何度も練習させます。
>
> 旧・手順③ ……「(賛成 or)反論」の言い方を教える
>
>   これも同様に「モノローグ」です。一文。
>   一方通行。同様にたくさん書かせます。
>   優秀作品をコピーし、配付し、まねさせます。
>
> 旧・手順④ ……「紙上ディベート」をさせる
>   （つまり文字で先にディベートをさせる）
>
>   紙の上でディベートをさせます。交わす情報量は、とても少ないです。書くことは時間がかかるからです。
>
> 旧・手順⑤ …… **最後に音声のディベートにやっと挑戦させる**
>
>   たくさん書かせた後で、紙上ディベートができる（書ける）ようになったら、いよいよ音声に挑戦！ という感じです。

　これに対して、「新・手順」は、指導単位（モノローグかダイアローグか）も指導順序（音声と文字の順）も見事に正反対です。

新・手順① …… **「対話」の中で「意見」と「理由」を言わせる**
　「意見」（1文、モノローグ）でなく、意見を含む「対話」（ダイアローグ）を言わせます。

新・手順② …… **ディベートの「手本」と「判定の仕方」を提示し、反復練習させる**
　モノローグでなく、「対話」（＝ダイアローグ）を言わせます。

新・手順③ …… **「便利な表現」を提示し、練習させる**
　討論を見据えて、討論をスムーズに行うための慣用的表現を技能として使わせます。

新・手順④ …… **音声によるディベートをさせる**
　教師 VS 学級、あるいはグループ VS グループで、あるいはペアでディベートさせます。
　※注目すべきはここまで**文字を全く扱わない**ということです。従来と順序が正反対です。
　※紙上ディベートはしません。「読んで書けるようになってから最後に音声」ではないのです。

新・手順⑤ …… **文字を見せる**
　文字は後から追いかけます。音声指導した表現を文字で見せ、音読させます。単語リストを見せたり、文章の音読をさせます。

　つまりは、旧・手順（従来の指導）のように「意見の言い方」「理由の言い方」「（賛成 or）反対の言い方」を**単発でいくら工夫して教えても不十分**なのです。**子どもはそれらをつなげてディベートや討論を長く展開できない**のです。

理由は、相手がいなくて、「情報の行き来」、つまり「やりとり」の練習の場が無いからです。
　情報が一方通行で終わり、帰って来ないからです。
　向山浩子氏の言葉を引用すると、「ブローカ野とウエルニッケ野を繋げる」ことができないからです。
　向山浩子氏が10年以上前に主張された通りだったのです。
　だから、
「新・手順②」が必要不可欠なのです。

　さらに言うと、「旧・手順①」と「旧・手順②」よりも、「新・手順①」の方が効果が高いです。
　つまり、例えば「意見の言い方」を指導するには、それだけを単発にモノローグで指導するのではなく、**意見を含むダイアローグの形に変形して指導する**方が効果が高いのです。
　ですが、「新・手順①」が必要不可欠とまでは言いません。
　「新・手順①」の代わりに、「旧・手順①」と「旧・手順②」でやっても、効率は悪いですが、次に「新・手順②」があれば、何とかなります。
　ですが、「新・手順②」は必要不可欠です。
　以下に各「新・手順」について、具体的に用いたダイアローグとともに、詳しく提案します。

> 論題 …… 動物園の動物は幸せか不幸か？

3 新・手順① 「対話」の中で「意見」と「理由」を言わせる

次のページのダイアローグを生徒に提示し、言う練習をさせます。

これらのダイアローグは、まだディベートになっていません。

教師の意見に対してA、Bなどが反論や賛成をしているわけではありません。

教師が「どう思う？」「なぜ？」と質問をし、相手（A、Bなど）はその質問に答えているだけです。

単なる問答です。

単なる問答なのですが、実はその「答」が「意見を言う」練習に十分になっているのです。

これが、「新・手順①」が「旧・手順①」と「旧・手順②」の代案になっている理由です。

① Aの意見

　　……動物園の動物は幸せだ。
　　　　動物園の中は安全だから。

提示したダイアローグは以下。

教師：What do you think?

A 　：I think that animals in the zoo are happy.

教師：Why?

A 　：Because they are safe in the zoo.

※下線を続けて言えば、「意見を言う」練習になっている

② Bの意見

　　……動物園の動物は幸せだ。
　　　　エサをたくさん食べるから。

提示したダイアローグは以下。

教師：What do you think?

B 　：I think that animals in the zoo are happy.

教師：Why?

B 　：Because they eat a lot of food.

※下線を続けて言えば、「意見を言う」練習になっている

③Cの意見

　　……動物園の動物は幸せだ。

　　　　動物園は清潔なので、動物はくつろぐことができるから。

提示したダイアローグは以下。

教師：What do you think?

C　：I think that animals in the zoo are happy.

教師：Why?

C　：Because the zoo is clean. So, they can relax.

※下線を続けて言えば、「意見を言う」練習になっている

④Dの意見

　　……動物園の動物は幸せだ。

　　　　動物は人間の笑顔を毎日見ることできるから。

提示したダイアローグは以下。

教師：What do you think?

D　：I think that animals in the zoo are happy.

教師：Why?

D　：Because animals in the zoo can see people's smiles every day.

※下線を続けて言えば、「意見を言う」練習になっている

⑤Eの意見

　　……動物園の動物は不幸だ。

　　　　動物園は動物にとっては退屈で、くつろげないから。

提示したダイアローグは以下。

教師：What do you think?

E 　：I don't think that animals in the zoo are happy.

教師：Why?

E 　：Because the zoo is boring for animals .

　　　　So, they can't relax.

※下線を続けて言えば、「意見を言う」練習になっている

⑥Fの意見

　　……動物園の動物は不幸だ。

　　　　オリが小さく、動物は走ったり運動したりできないから。

提示したダイアローグは以下。

教師：What do you think?

F 　：I don't think that animals in the zoo are happy.

教師：Why?

F 　：Because cages are small.

　　　　So, they can't run or exercise.

※下線を続けて言えば、「意見を言う」練習になっている

⑦Gの意見

　　……動物園の動物は不幸だ。
　　　　動物はずっとそこに住むため、自由でないから。

提示したダイアローグは以下。

教師：What do you think?

G　　：I don't think that animals in the zoo are happy.

教師：Why?

G　　：Because they live there forever.
　　　　So, they are not free.

※下線を続けて言えば、「意見を言う」練習になっている

⑧Hの意見

　　……動物園の動物は不幸だ。
　　　　野生動物は狩りができるが、動物園の動物は狩りができないから。

提示したダイアローグは以下。

教師：What do you think?

H　　：I don't think that animals in the zoo are happy.

教師：Why?

H　　：Because wild animals can hunt.
　　　　But animals in the zoo can't hunt.

※下線を続けて言えば、「意見を言う」練習になっている

4 新・手順② ディベートの「手本」、「判定の仕方」と反復練習

いよいよディベートの指導です。

この「新・手順②」というステップが欠かせません。

谷和樹氏（玉川大学教職大学院教授）は『指導案の書き方』というCDや本の中で、「できる」ようになるためには必ず2つの要素が必要と述べています。

1つ目は、「**お手本の模倣**」です。

2つ目は、「**反復による習熟**」です。

ディベートの指導も同じです。

ディベートが「できる」ようにさせた拙実践は、谷氏の言う2つの要素が指導の中にあります。

そしてさらにもう1つ、非常に重要なことがあります。

これが心臓部です。

3つ目は、「**ダイアローグ**」つまり「**情報の行き来**」、「**やりとり**」、「**インタラクション**」です。

これが従来のモノローグ指導には無かったため、つまり「意見の言い方」「反論の言い方」などをそれぞれ別個に練習させたため、発言が次々とつながっていかなかったのです。

この第3の要素を抜きに、どんな工夫をしても発言を次々とつなげる技能は身につきづらいです。

たとえ「絵」を見せていても、たとえ意見や反論の「お手本」を提示しても、そしてたとえそれを「反復」させても、単発の一方通行の「言う」という英語力は身につけさせられますが、「相手の意見にライブで反論し続ける」

という技能は身につきません。

現に、過去にできた教師がいません。

事前にメモを交換させ、これから言う意見や反論を事前に準備し、机の上にはメモがいっぱいの状態にしてからでしか「ディベート」をできなかったというのが現実です。

上述した「**お手本の模倣**」「**反復による習熟**」「**情報の行き来（やりとり）**」の3つを満たしてこそ、ライブで返すこと、つまり「英語を使う」ことができるようになるのです。

3つ目のおかげで、ブローカ野とウエルニッケ野がつながることができるのです。

上述した3つを満たすTOSS英会話ダイアローグ指導を、実際に教室で使ったダイアローグとともに、具体的に❶〜❹の4つ紹介します。

❶

Aの意見……安全だ
　→Eの反論……安全だと本能を失う
Eの意見……動物園はつまらない
　→Aの反論……エサが多い

A : I think that animals in the zoo are happy because they are safe in the zoo.

E : I don't agree with you because if they are safe in the zoo, they will lose their instinct.
Let's go to the next topic.

A : Sure.

E : I don't think that animals in the zoo are happy because the zoo is boring for animals.
So, they can't relax.

A : I don't agree with you because they eat a lot of food.

判定……Eの勝ち

理由……Aは「動物園の動物は安全だから幸せだ」と言っているのに対して、Eは「安全だと動物は本能を失ってしまう」と言っているので、反論になっている。意見が1点、反論が1点なので、ここまでは「1点：1点」で同点だ。しかしながら、Eが「動物園は動物にとってつまらないので動物はくつろげないから不幸」と言い、Aは「エサが多い」と述べ、話がかみ合っていない。よって、反論になっていない。「1点：2点」でEの勝ちとなる。

❷

Bの意見……エサが多い
　　→Fの反論……エサが多いと太る
Fの意見……オリが狭く、運動できない
　　→Bの反論……人間の笑顔を見られる
B：I think that animals in the zoo are happy because they eat a lot of food.
F：I don't agree with you because if they eat a lot of food, they will get fat. Let's go to the next topic.
B：Sure.
F：I don't think that animals in the zoo are happy because they live in small cages.　So, they can't run or exercise.
B：I disagree with you because animals in the zoo can see people's smiles every day.
判定……Fの勝ち
理由……Bは「動物園の動物はエサが多く食べられるから幸せだ」と言っているのに対して、Fは「エサが多いと太ってしまう」と言っているので、反論として成立している。意見が1点、反論が1点なので、ここまでは「1点：1点」で同点。しかし、Fが「動物は狭いオリに住んでいるのでくつろげないから不幸」と言うのに対して、Bは「動物園の動物は人間の笑顔を毎日見られる」と述べ、話がかみ合っていない。よって、反論になっていない。「1点：2点」でFの勝ちとなる。

❸

Dの意見……動物園の動物は人間の笑顔を毎日見られる
　→Hの反論……エサが多いと太る
Hの意見……動物園では狩りができない
　→Dの反論……必要が無い
D：I believe that animals in the zoo are happy because animals in the zoo can see people's smiles every day.
H：I don't agree with you because if they eat a lot of food, they will get fat. Let's go to the next topic.
D：Sure.
H：I don't believe that animals in the zoo are happy because wild animals can hunt, but animals in the zoo can't hunt.
D：It's true that animals in the zoo can't hunt. But they don't have to hunt.
判定……Dの勝ち
理由……Dは「動物園の動物は人間の笑顔を毎日見るから幸せだ」と言い、Hは「エサをたくさん食べると太る」と言っているので、反論として成立していない。意見が1点、反論が0点で「1点：0点」でDが優勢だ。そして、Hが「野生動物は狩りができるが、動物園の動物は狩りができないから不幸だ」と言うのに対して、Dは「動物園の動物は狩りをする必要がない」と述べ、反論になっている。「2点：1点」でDの勝ちとなる。

❹

Cの意見……動物園はきれい
　　→Gの反論……自然もきれい
Gの意見……一生そこに住むので自由が無い
　　→Cの反論……逆に自由だ
C：I think that animals in the zoo are happy because the zoo is clean. So, they can relax.
G：I don't agree with you because nature isn't dirty. Nature is clean, too.　Let's go to the next topic.
C：Sure.
G：I don't believe that animals in the zoo are happy because they live there forever. So, they are not free.
C：I disagree with you because they don't have to feed their children. They don't have to protect their children. They don't have to take care of their children. They don't have responsibility. So, they are free.
判定……引き分け
理由……Cは「動物園は清潔」と言っているのに対して、Gは「自然も汚くはない。自然もきれいだ」と言っているので、反論として成立している。意見が1点、反論が1点で、ここまでは「1点：1点」で同点。そして、Gが「一生そこに住むので自由でない」と言うのに対して、Cは「動物園の動物は負うべき責任が無いから自由だ」と述べ、反論として成立している。「2点：2点」で引き分けとなる。

5 新・手順③ 「便利な表現」と練習

　上に示した4つのお手本ディベートがスラスラ言えるようになったら、次にそれら4つの中に「便利な表現」を混ぜ込みます。
「便利な表現」とは、次ページに載せた12個の表現です。
「もう一度言ってください。」
「〇〇は日本語で何というのですか？」
「話が脱線していますよ。私の話に戻ってください。」
　などです。
　そして、また「お手本の模倣」「反復による習熟」「情報の行き来（やりとり）」を口頭でさせます。
　これらを先の「新・手順②」の4つに混ぜ込むのですから、当然ながら、「新・手順②」よりもさらに長い対話になります。
　きっと、難しすぎると思われる人がいるかもしれません。
　しかし、事実は違います。
　とても簡単であり、子どもは全く問題なくできます。
　なぜでしょうか。
　理由は「新・手順②」がすでにスラスラ言えるからです。
　すでに言えるようになった対話に、少しだけ新しい「便利な表現」を混ぜたところで、負担は大きくありません。
「便利な表現」として次ページの12表現を指導しました。
　従来のモノローグ指導と比較すると、違いが明らかです。
　従来の英語教育では、文字による表現のリストを配布してそれぞれの表現を一文として音読や書きながら練習をさせます。

<便利な表現一覧>

① I beg your pardon? Can you say that again? / Sure.
「もう一度言ってください」「はい」

② Let's go to the next topic. / Sure.
「次の話題に行きましょう」「はい」

③ What's ○○ in Japanese? / It's △△ in Japanese.
「○○は日本語で何というのですか？」「△△です」

④ Can I ask you a question? / Sure.
「質問をしてもいいですか？」「はい」

⑤ Let's go back to my opinion. / Sure.
「(話題がそれたときに) 私の話に戻りましょう」「はい」

⑥ Give me an example. / For example, A, B and C.
「例を提示してください」「例えばA, B, Cです」

⑦ Why do you think so?
「なぜそう考えるのですか？」

⑧ The same is true for 〜.
「同じことが〜にも言えます。当てはまります」

⑨ It doesn't matter.
「それはたいした問題ではありません」

⑩ We don't know whether A or B.
「AかBかは不明です」

⑪ Moreover. もしくは Besides.
「さらには。もっと言うと」

⑫ It's true that 〜 , but…….
「確かに〜ですが、……です」

文字による表現のリストを配布してそれぞれの表現を1文として音読や書きながら先に練習させるという従来の英語教育とは異なり、**TOSS英会話ディベートでは、そうではなく、TOSS英会話ダイアローグ指導を通して、**つまり「状況設定つき」で「聞く、話すを同時に」指導することによって、**先に使えるようにさせる**のです。
　指導の順序が逆なのです。
　逆だから成功するのです。
　従来の指導順だと、辛抱強い子どもがたとえ単語や文法は暗記できたとしても、「使える英語」にはならなかったのです。

> 使えるようにさせることが先

です。
　文字のリストを見せることや、書く練習は、脳内に英語の言語回路ができた後にやればいいのです。
　「やりとり」ができた後にやればいいのです。
　「使える」ようになった後にやればいいのです。
　前ページの12表現は文字によるリストとして渡したのではなく、TOSS英会話ダイアローグ指導の中で反復練習をさせました。
　次のページに、実際に指導したダイアローグを紹介します。
　TOSS英会話で音声で使えるようにさせることが最初です。
　その後で、文字を導入するという手法です。
　「**TOSS英会話を土台に指導する**」とはこういうことです。

Bの意見……動物園の動物はエサが多い
　　→Fの反論……エサが多いと太る
Fの意見……オリが狭くて運動できない
　　→Bの反論……動物にとってオリが広いか狭いかは人間には
　　　　　　　　わからない

太字が「ステップ3」からの新出「便利な表現」。
細字は「ステップ2」で既習。

B：I think that animals in the zoo are happy because they eat a lot of food.
F：I don't agree with you because if they eat a lot of food, they will get fat.
B：**What's "get fat" in Japanese?**
F：**It's「太る」in Japanese.**
　　Let's go to the next topic.
B：Sure.
F：I don't think that animals in the zoo are happy because cages are small. So, they can't run or exercise.
B：I disagree with you because we don't know **whether** cages are large or small for the animals.

Dの意見……動物園の動物は人間の笑顔を毎日見ることができる
　　→Hの反論……動物は人の表情をわからない
Hの意見……動物園の動物は狩りができない
　　→Dの反論……動物園では狩りをする必要が無い

D : I think that animals in the zoo are happy because they can see people's smiles every day.

H : I don't agree with you because if they eat a lot of food, they will get fat.

D : **Let's go back to my opinion.**

H : **Sure.**

D : I said that they can see people's smiles everyday.

H : I don't agree with you because animals in the zoo don't know whether people are smiling or angry.

D : **I see.**

H : I don't think that animals in the zoo are happy.

D : **May I ask you a question?**

H : **Sure.**

D : **Why do you think so?**

H : Because wild animals can hunt. However, animals in the zoo can't hunt.

D : **It's true that** animals in the zoo cannot hunt. But they don't have to hunt.

Cの意見……動物園はきれい
　　→Gの反論……同じことは自然にも当てはまる。自然もきれい
Cの意見……さらに、動物園の動物は自由だ
　　→G……例を示せ
　　→C……責任が無いので自由だ

太字が「ステップ3」からの新出「便利な表現」。
細字は「ステップ2」で既習。

C：I think that animals in the zoo are happy because the zoo is clean. So, they can relax.
G：**It doesn't matter. The same is true for nature.** Nature is clean, too.
C：**Moreover**, animals in the zoo are free.
G：**Give me an example.**
C：**For example**, they don't have to feed their children. They don't have to protect their children. They don't have to take care of their children. They don't have responsibility. So, they are free.

6 新・手順④ 音声によるディベート

　ここで初めてディベートに入ります。
　注目すべきはここまで**全く文字を扱わない**ということです。
　TOSS英会話は、「読ませず」「書かせず」「訳させず」です。
　従来と順序が正反対なのです。
　従来（旧・手順）は「文字 → 音声」です。
　しかし、**TOSS英会話ディベート（新・手順）では「音声 → 文字」**という逆の順になります。
　従来のディベート指導は、先に紙上ディベートを行った後に、ディベートに入ります。
　「いっぱい読んで、いっぱい書く練習をして、さあ、いよいよ難しい音声に挑戦する準備が整ったね。じゃあやってみよう！」という感覚なのです。
　しかし、私は**紙上ディベートは行いません**。
　突然ある日、教師 VS 学級、あるいは教室を半分に割ってディベート練習をさせます。
　ちなみにグループ VS グループというのはお祭りみたいなもので、私にとってはまとめのイベントです。
　実際に「ライブのやりとり」という意味で練習の効果が高いのは、ペアで行うディベートです。
　2分くらいでどんどんペアを替えて練習を続けます。
　練習効果が一番高いのはこの方法です。
　この個人ディベートを、授業内にたくさん設定したいです。
　それがTOSS英会話ディベートのゴールであると同時に、授業内に設定するべき訓練の場です。

7 新・手順⑤　文字を見せるタイミング

　音声によるディベート練習をとりあえず行うまでは、一切文字を使わなくて問題ありません。
　TOSS英会話ですから、文字を扱わないで問題ありません。
　むしろ、文字が無い方が勉強の苦手な子どもにとって負担が少ないです。
　従来の指導法(旧・手順)、つまり、文字から入り、たくさん書く練習をして、紙上ディベートをしてから、「よし、意見も反論も練習したからもう大丈夫だ！音声に挑戦してみよう」という指導ステップ(そして、それは成功しない)と順序が真逆です。
　TOSS英会話ディベート指導(新・手順)は、まず音声のみで「やりとり」「情報の行き来」まで突っ走ります。
　その後に、はじめて文字を扱います。

　具体的には、次のように文字を扱います。

---
① 単語のリストを配布して、音読練習をさせます。
② それまで音声で蓄積してきたダイアローグを文字で書いたもの(文章)を配布して、音読練習をさせます。
③ その他の意見例もいくつか文字で紹介します。黙読、音読をさせます。

　先に音声での「やりとり」を済ませているので、その後の文字での指導は子どもたちの頭に入り易くなっています。
　子どもの苦労を減らすことができ、なおかつ短い時間で文字を入れやすくなります。

「旧手順」は、単語や文字を先に覚えさせようとするから子どもは苦痛なのです。

文字を先に覚えさせようとするから、「内容」より「形式」へ向けられる意識の方が強くなり、脳内英語回路形成の妨げになるのです。

だから今までの英語教育では相手が何を言ってくるかわからない状態で、聞いてすぐに理解し、すぐに応答できるような英語力を育てるという目標を叶えることができなかったのです。

> しかしながら、自分で自分の声を聴くだけでは、まだ、フリートークに至る自然会話能力は育成できない。モノローグにしか過ぎないからだ。会話は相手があってこそ成り立つ。相手はどんなことばをかけてくるか、不明だ。ことばをかけられて、瞬時に応答ができるような能力は、モノローグでは育たない。
> 『TOSS英会話指導はなぜ伝統的英語教育から離れたか』p.41

「新・手順①」における私のねらいは、「意見を言う」ことの指導にあります。「意見を言う」は、そこだけ考えればモノローグです。

ですから、「旧・手順①」「旧・手順②」でも実は問題が無いはずです。

この段階ではモノローグで「意見を言う」のみを鍛えることと割り切り、瞬時に応答できる能力は次の「新・手順②」に回せば、それでも理論上は十分だからです。

そういう意味で、次の「新・手順②」が必要不可欠であることに対して、その前段階では、「旧・手順①」「旧・手順②」でも別に問題が無いと言えます。

ではなぜ、私は代案として「新・手順①」を提案したのでしょうか。

理由は、「意見を言う」という単独の能力であっても、「新・手順①」というダイアローグ形式に変形することによって、より楽しく、より負担が少なくでき、結果として、落ちこぼしをより少なくできると考えたからです。
　かつ、指導時間の節約、さらには、相手とのやりとりでもあるので、英会話神経回路形成に貢献できるのです。
　これらが、「旧・手順①」「旧・手順②」よりも「新・手順①」を提案した理由です。以下に詳しく述べます。

　つまり、理論的には問題ないと考えられる「旧・手順①」「旧・手順②」であっても、いざ実践してみると、子どもに我慢を要求する部分がありました。
　多少、つまらないのです。
　理由は私の授業技量の低さにあると言われればそれまでですが、モノローグ指導が理由の1つでもあると思います。
　短い1文の指導ならいざ知らず、それなりに長い意見と理由を含んだ発話を指導するのです。
　長い発話ですからその長さゆえに、単に繰り返し練習では、どうしても飽きます。
　相手と対話するペア活動と比べて、モノローグの反復練習は飽きが来る可能性が高くなります。
　長い発話のモノローグ指導は、自分1人で発話し続け、自分で自分の発話を長い間聞き続けるという個人学習だからです。

　これに比べて、「新・手順①」は楽しいです。
　第1に、自分1人の練習ではなくて相手がいます。
　第2に、発話が意見と理由の2つに分けられますので、1回の発話が短く

なります。
　この2つが「新・手順①」の方が楽しい理由です。

　さらには、「意見」と「理由」をうまくダイアローグの中に忍び込ませることができることで、「旧・手順①」と「旧・手順②」にかける時間を一気に通過できるわけです。
　時間の短縮というメリットもあります。

　なおかつ、これが最大の理由ですが、**英語力の最優先であるやりとり力、英会話神経回路形成に貢献できる**のです。
　構造（ストラクチャー）を無意識に子どもたちに身につけさせたいのです。やがては、「I think that（意見）because（理由）.」という長い発言ができるようにさせたいのですが、まずは短く切ってダイアローグの形にするのです。
　そうすることによって、「What do you think?」ときかれたら「I think (that)〜.」で意見を言うということを無意識に子どもは学べます。
　「Why?」ときかれたら「Because〜.」で理由を言うということを無意識に子どもは学べます。
　子どもの我慢が減り、楽しさも増え、かつ短時間で、それでいて同じ内容を指導でき、かつ英会話神経回路形成への貢献という利点もあるのです。
　こんな良いことは無いと思います。
　これが、「旧・手順①」と「旧・手順②」より、代案「新・手順①」の方が優れている理由です。

8 「TOSS英会話」とは?

「**TOSS型中学英語はTOSS英会話の土台の上に築く**」

　これは8年ほど前、2005年にTOSS型中学英語授業研究会のリーダー(当時)田上善浩氏から出されたTOSS型中学英語授業研究会の基本方針です。

　ですから、TOSS型中学英語授業研究会のメンバーは全員、TOSS英会話ができます。

　しかし、「TOSS英会話の土台の上に」とはどういうことでしょうか。

　ある単元の導入に、1つか2つのダイアローグをTOSS英会話で指導することでしょうか。それはさすがに違いますね。

　発展学習の導入時に、わずか1つの2文ダイアローグを扱ったとしても、それは「TOSS英会話を土台に」したとは到底言えませんね。

「TOSS英会話を土台にする」とは、例えば拙実践のように「新・手順①」の①〜⑧の8つのダイアローグを、「新・手順②」の1〜4の4つのダイアローグを、「新・手順③」の(1)〜(5)の5つのダイアローグのように、たくさんのダイアローグを指導してこそ、それらが土台になります。

　2文ダイアローグたった1つでは土台に「TOSS英会話を土台に」とは言えません。

　ダイアローグをたくさん指導し、それらのダイアローグを直接使った発展学習することを、田上氏のことばは指していると私は解釈しました。

　このような「TOSS英会話を土台にした」と呼べる発展学習を私は2006年から研究し続けています。

　2008年から月刊『TOSS型中学英語』誌に書き始めました。

　2009年のTOSS英会話セミナー in 長崎では、模擬授業をして発表しました。

まだ正式な名称はついていないので、「TOSS英会話を土台にした発展学習」とここでは他と区別するために、わかりやすく呼び名を勝手につけます。

　そして「TOSS英会話を土台にした発展学習」は、いくつもの「課題」から構成されます。

　ここでいう「TOSS英会話を土台にした課題」とは、TOSS英会話の後の課題です。よって、この「TOSS英会話を土台にした課題」は、「タスク・シラバス」で用いられる一般的な「タスク」とは異なるものです。

　「TOSS英会話を土台にした課題」の一例が、今回の拙実践の「動物園の動物は幸せか」のディベートです。

　他の「TOSS英会話を土台にした課題」の例としては、自己紹介スピーチ、日記、将来の予定スピーチ、などがあります。

　「なんだ。スピーチなんて、今ならみんなやっているよ」と思われるかもしれません。しかし、誰でもやっている自己紹介スピーチでも、指導の手順が異なるということです。

　例えば、中学1年生では自己紹介スピーチをするという課題は定番ですが、よくある従来の指導法では、たいてい4〜5文程度の型を示されます。

　I like (　　　). I play (　　　).のように(　　)に書かせ、I like (sushi). I play (tennis).のような文章を作らせます。

　それを音読練習させ、最後は何も見ないで言わせます。

　しかし、TOSS英会話を土台にすると、**スピーチに使う表現を全てダイアローグに変形し、指導します。**

　例えば、自己紹介スピーチの前に次を指導します。

Q：Do you like sushi?

A：Yes, I do. ／ **I like sushi.**

Q：What sport do you play?
A：**I play tennis.**

　ダイアローグで、「I like sushi.」「I play tennis.」などは言い慣れていますから、自己紹介スピーチという「TOSS英会話を土台にした課題」に子どもはスムーズに入っていけます。
　結果、難しいはずの発展課題ですが、20文くらいのスピーチをほとんど負荷なく楽しく言えるようになります。
　自己紹介スピーチという**課題は同じでも、そこまでに至る指導過程で「やりとり」があるかどうかが違う**のです。
　本書では、この「やりとり」を一貫して主張します。

　大工さんは、どのような屋根（ゴール）にするかを決めてから土台を作るそうです。
　同じように、「自己紹介スピーチをさせたい」「将来の人生計画を述べさせたい」「日記を書かせたい」「ディベートをさせたい」というように、取り組ませたい「TOSS英会話を土台にした課題」を教師が決めて、それに直接使う表現を、**TOSS英会話ダイアローグ指導（やりとり）**で事前に指導するのです。
　TOSS英会話ダイアローグ指導を積み重ねた上で、「TOSS英会話を土台にした課題」に取り組ませます。
　だから、英語が苦手な子どもでも、それほどの負荷が無く楽しくできるのです。
　落ちこぼしが少ないのです。
　これが田上氏の方針「TOSS型中学英語授業はTOSS英会話の土台の上に築く」に対する私の研究結果です。

コラム

中間テスト・期末テストの作り方②

　40ページで到達度テストと習熟度テストの違いについて述べました。
到達度テストの例…定期テスト、表現テスト、単語テストなど
習熟度テストの例…学力テスト、入試、英検、TOEFL、TOEICなど

例1　長文読解で出題する長い文章は、出すのであれば、前者では教科書本文から出すといいと思います。その文章を授業したのですから、教えたこと(題材)を出題するべきです。
　　　一方、後者では、生徒は初めて目にする文章を読みます。
例2　よくある穴埋めの文法問題について述べます。
　　　「He (is) (interested) (in) music.」と空欄に適語を書かせる問題です。
　　　前者では、板書して教えた文をそのまま単元テストに出し、その同じ文を定期テストに出題します。
　　　「同じ文法事項 (be interested in) だからいいだろう」と思って「They are interested in tennis.」などと変えない方がいいです。
　　　指導した文と同じ文を出題するからこそ、生徒は授業中、ノートもよくとるし、説明も聞くし、授業に集中する動機付けになります。

　最後に、授業とつながる定期テストにするために、TOSS英会話を土台とした課題を多く出しましょう。
　学力テストや入試のようなよくあるテストではなくて、「自己紹介スピーチの原稿を書きなさい」で10点、「動物園の動物は幸せか、について、自分の意見を書きなさい」で12点などです。
　リスニング問題では「A君とBさんがディベートをしています。どちらが勝ちですか。その理由を書きなさい」のような問題を出します。
　「使える英語」を教えるのですから、「使うテスト」を出すのです。

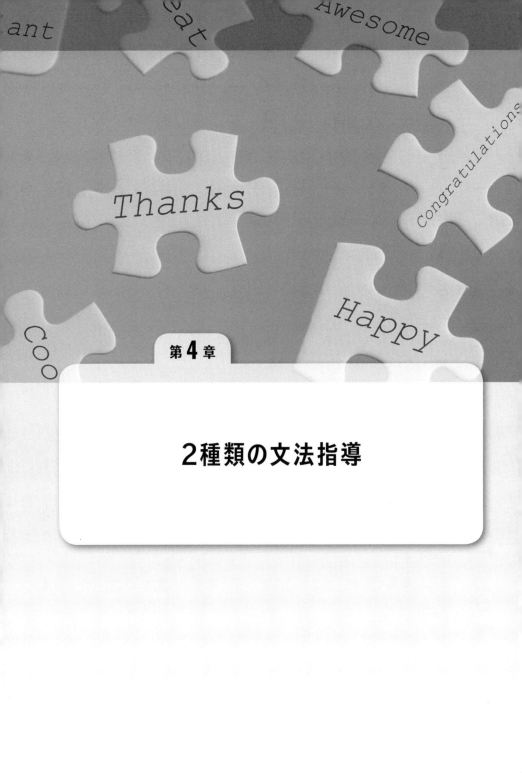

第4章

2種類の文法指導

1 英語教育が信じる文法指導の誤った仮説

　現在なお、中学英語教育界、高校英語教育界に根強く残っているのが、「文法知識を1つずつ生徒に暗記させれば、最終的に生徒はそれら文法知識を駆使して英語を使えるようになるだろう」という基本方針です。

　これは仮説の段階であり、実証されたこともなく、そもそも真面目に検証されてもいないと思います。

　ところがこれが間違いであることは、実は冷静に考えれば誰の目にも明らかなことなのです。

　しかし、私たち人間はえてして既成概念から抜け出すことが苦手なため、ここからなかなか抜け出せずに今まで来てしまっているのです。

　では、ちょっとだけ冷静に考えてみましょう。

　中学校の先生方へ、まず、ご自身のクラスで一番英語の成績が良い生徒さんを思い浮かべてください。

　この場合、いわゆる「学校英語」、「受験英語」のテストで高得点を取る生徒さんです。

　例外的に英語がもともと話せる生徒さん、例えば帰国子女や幼少時から英語教室の英語教材などで長年勉強していて既に流暢に話せる生徒さんなどは除きます。

　次に、極論ですが、クラスの全員がその優秀な生徒さんになったと想像してください。

　クラスの全員が成績優秀者という極論です。

　そのような状態はあり得ませんが、今の英語教育が最高に成功した場合です。

　すると、英語のテストの平均点は90点以上になりますね。

　通知表では全員が評定の「5」をもらえますね。

仮にそれだけ大成功したとしても、文部科学省がうったえる「英語が使える日本人」にはなりませんね。

学校英語を最高に成功させたとしても、つまり学力テストの平均点をいくら上げたとしても、文部科学省の提示する目標に届かないのです。

極論がイメージできにくいでしょうか。

では、みなさんの地元で一番成績が優秀な高校を思い浮かべてください。

その高校の1年生を思い浮かべてください。

これならば現実に存在するクラスですね。

地元で一番優秀な高校の1年生たちと言えば、まさに高校受験を終えたばかりであり、入試で優秀な成績で合格したばかりの生徒さん達ですよね。

先ほど私が極論として提示したクラスが現実にそこに存在しますね。

彼らは、英語を使えますか？

英語で流暢にALT（外国人指導助手）としゃべれますか？

英語で紙を見ないでディベートや指名無し討論ができますか？

できませんよね。

英語の文法を全て暗記して、単語もたくさん暗記して、正確な英文を書ける生徒たちが、テストで9割以上の点数を取ったにもかかわらず、英語を使って高速でコミュニケーションをとることができないのです。

もう1例。大学入試のプロである予備校の講師たちは、英語で流暢に会話できますか？　できません。

つまり、**学校英語を難関大学入試に合格するほど究めても文部科学省のいう「使える英語」という目標は達成できない**のです。

これが今の学校英語のまずさを如実に表している証拠ですね。

生きた証拠が目の前に存在しているのに、中学英語教育界、高校英語教育界に前述した仮説が根強く残っているのです。

証明されていない「文法知識を1つずつ生徒に暗記させれば、最終的に生徒はそれら文法知識を駆使して英語を使えるようになるだろう」という基本方針が根強く残っています。

　この仮説は本当なのか、きっちり検証されるべき問題だと私は強く思っていますし、各地でうったえていますが、なかなか人間というものは固定概念から抜け出せないようです。

　何か大きなショックが無いと変わらないようです。

2 文法の無意識学習

　上述した現在の英語教育は、文法を知識として暗記させる指導をしています。その源流は文法訳読式として広く呼ばれている指導法です。

　この、知識暗記型の文法指導および文法学習を、まとめて「意識的文法学習」と呼ぶことにしましょう。

　クラッシェン（Stephen Krashen）の「学習（learning）」と同じことです。

　私は何も文法指導や文法学習自体を否定しているわけではありません。

　文法の学習にはもう1つありますね。

　無意識というか感覚的に文法を身につけることです。

　クラッシェンの言うところの「習得（acquisition）」です。

　私たち日本人がたとえ日本語の文法を説明できなくても、コミュニケーションのために文法を無意識に使っています。

　これを、「無意識的文法学習」と呼びましょう。

　これを大きく、あるいは部分的に取り入れましょう。

この大切さは私は大学の卒業論文にも書いたほど、長らく大切だと思っていました。
　小学校1年生からもし仮に英語教育が始まれば、大幅に取り入れるべきです。
　小学校高学年から週1時間の外国語活動という現状ならば、まだ「部分的」に取り入れる方が賢明です。
　私は、小学校1年生から週に2時間程度の英語の授業は最低必要だとはっきり論文に書き主張してきました。
　最初に大きい場で発表したのが、2012年5月のTOSS英会話セミナーの論文です。

　では、どうやって「無意識的文法学習」を英語授業に取り入れるのでしょうか。
　聞き流すだけで英語が話せるとする英語教材のように英語をたくさんインプットさせればよいのでしょうか。
　英語をずっと聞かせていれば、いつかはわかりませんがそのうち正確な文法感覚が生徒の身につくのでしょうか。
　否です。

　しゃべらせなくてはいけないのです。
　聞かせるだけではなく、発話させなくてはいけないのです。
　アウトプットが必要なのです。

　まずTOSS英会話で生徒たちが十分にターゲット文法を「聞き話し」ができるようにさせてから、その後に文法知識を教えればいいのです。
　「TOSS英会話 → 意識的文法学習」という流れです。

もし将来、小学校1年生から英語授業が入り、中学年から4時間以上入り、教師がTOSS英会話で指導しつづければ、「意識的文法学習」は必要ないでしょう。

　小学校中学年までにTOSS英会話でたくさん英語を使わせれば、「無意識的文法学習」によって、「説明できないけれど正しい英文を言える！」という状態に限りなく近づくでしょう。

　しかしながら、現在のように小学校高学年から週に1時間程度の外国語活動という状態では、やはり、部分的に「意識的文法学習」が必要です。

　しかし、意識的文法学習をさせるにしても、まずは**TOSS英会話で口頭でのやりとりを十分にさせた後に、文法知識を説明するという順が良い**です。

　これは、これまでの学習とは順序が全く逆です。

　何も文法を説明するなと言っているのではありません。

「文法説明 → 使う活動」という順ではなく、「使う活動 → 文法説明」というように順序を逆にした方が、子どもにとって負担が少なく、子どもも教師も楽しくなり、落ちこぼしが少ないということです。

　私の手法に対して、「加藤は文法を教えない。加藤は文法を教えたらダメだと言っている」と言う方がいらっしゃいますが、それは誤解です。

　単に順序を逆にしましょうと言っているだけです。

　音声、つまり会話が先。
　文字や文法を理屈で説明することは後。
　この順です。

　話を戻します。
　しかしながら、現場では文法知識の暗記を積み重ねることこそが英語指

導の「幹」と考えているカリスマ教師もいます。

　文法、構造と言いましょうか、ことばの「内容」に対して「形式」と呼ばれるものが英語教育の幹であり、構造、形式を1つずつ積み上げることが英語教育の中心と考える著名なカリスマ英語教師がいらっしゃいます。

　そのような発信が本やDVDで強烈になされている現状の中では、ほとんどの英語教師はなかなか今の「学校英語」の路線から抜け出せないのです。

　一度しみついてしまったクセは、意図的に努力して取り除かなくてはなりません。

　大丈夫です。

　必ずできますので、頑張りましょう。

「英語を使えるようにさせる」ことが我々英語教師の目的であったはずです。

　文法知識を暗記させることはそのための補助的手段に過ぎません。

　主要目的ではありませんね。

　そして、**「英語を使えるようにさせる」ためには**、具体的に子どもに何をできるようにしてあげることかというと、**「英語でのやりとり」ができるようにしてあげること**です。

　冒頭に述べたとおり、すべての判断基準はここにあります。

中学でも、最初は文字なしに耳で聴かせ（英文を読ませず）、実物や絵などで意味理解させ（訳させず）、適切な応答を口頭でさせる（文法は口頭発話で身につく）ことこそがループ形成学習であり、英語脳回路の育成である。その後、読み書きでも理屈による文法でも教えればよい。
　　　　　『TOSS英会話指導はなぜ伝統的英語教育から離れたか』p.129

　「文字を教えるな」「文法を教えるな」と言ってはいないのです。

順序を逆にしましょうと言っているのです。
「会話 → 文字や文法」という順です。
　最初に、音声、つまり会話が先に来るべきです。
　その後、文字を見せたり、理屈で文法知識を整理すればいいのです。
　現状（2013年）の中学校で今すぐにできることは、こういうことです。

　しかし、繰り返しになりますが、将来、小学校1年生から英語授業が週に2時間程度入り、中学年から4時間入ることになれば、無意識的文法学習が大幅に取り入れられることになり、子どもたちは楽に正しい英文を言えるようになるでしょうし、書けるようになるでしょう。

「正しい文法が身につく」とは、何を意味しているでしょうか。
　それは、知識として英文法を暗記している状態ではありません。
　暗記していて、その結果、学校英語のテストで高得点を取れる学生が現に英語を使えないではないですか。
　「正しい文法が身につく」とは、「やりとりの中で、正しい英文で話している」という状態なのです。
　たとえ文法的な説明ができなくても、**感覚として文法的に正しい文を心地よいと感じることができ、文法的に正しくない文に違和感を感じられる状態**なのです。
　そういう状態を、「正しい文法が身についている」と呼ぶのです。
　これこそが現在の学校英語に、抜け落ちているのです。
　意識的文法学習に偏っているどころか、無意識的文法学習がほとんどないのです。

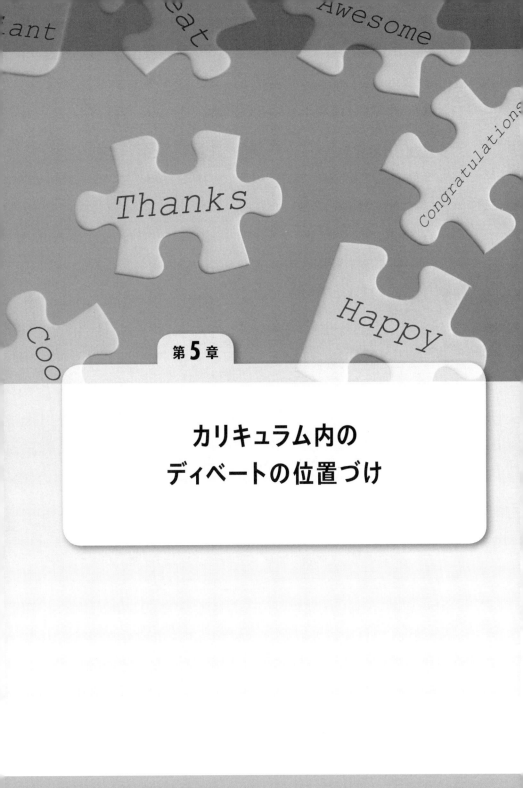

第 5 章

カリキュラム内の
ディベートの位置づけ

1 2文ダイアローグ → ダイヤモンド・ダイアローグ → TOSS英会話ディベート → 英語の指名無し討論 → 英語の論文

英語は、下の順で指導すると良いでしょう。

①TOSS英会話（2文、4文、6文ダイアローグなど）
　　……従来のモノローグ指導（教科書は「基本文」を単元ごとに教える）から脱却した。
↓
②ダイヤモンド・ダイアローグ、ブリッジ・トーキング
　　……ダイアローグの数が無制限になった。子どもは無制限の高速の会話を体験する。
↓
③調査活動を必要としないディベート
　　……子どもは討論に必要な様々な機能的表現を、使いながら身に付ける。話題は低レベルでいい。
↓
④調査活動を必要とする討論→論文（指名無し討論→論文）
　　……高レベルな話題のやりとりを何往復もしつつ理解が深まり、新発見する。
↓
⑤小論文や論文を書く
　　……討論を通して内容の理解が深まったら、自分の意見を書く。

TOSS型でいう「英会話活動」は、文字通り「子どもの活動としての英会話のやりとり」が入っていない授業は駄目だということである。しかも、子ども一人一人の活動まで「会話やりとり」が必ず含まれるのが理想である。（中略）1対1であっても、教師が質問し、子どもが答えるだけの一方通行形式でも不足である。会話が成立するためには、

> 答える必要もあるが、質問もできて、双方向のやりとりができるようにならなければならない。
>
> 　　　　　　　　　　　　　『子どもが話せるTOSS型英会話指導』、p.6

　討論の授業における私の考えは上の考えと同じです。
　同じというのはおこがましく、私は向山浩子氏の著書から学んだので、そしてそれに賛成しており、かつ実践をしたうえで納得しているということです。
　世の中に「英語討論の授業」と喧伝(けんでん)されているものに、果たして、指導段階に1対1のやりとりというステップが組み込まれているのでしょうか。
　もし、1対1のやりとりが無く、それを「英語討論の授業」と呼んでいるのであれば、疑問を持たざるをえません。

　率直に言って、私は英語討論の授業はまだ誰も達成していないと思っています。
　「英語討論の授業」と喧伝されているものは、私の推測ですが、子ども達は英語で討論ができていないのに、教師がそう言っているだけだと思っています。
　研究授業でまれに「ディベートの授業」あるいは「討論の授業」とうたっている授業を見たことがあります。
　実際の子どものやりとりを見たことはありません。
　やりとりがあっても、メモ用紙に書かれた英文をチラチラ見ながらセリフを言う授業です。
　ほとんどは、「意見を言わせる」という単発の発言、モノローグを子どもに発表させ、「これが討論の第一歩です」と締めくくる授業です。
　「本日は、『意見を言う』練習をする授業です。次回は、『反論する』練習を

する授業です。前回は、『意見を聞いて理解する』授業でした。これらを積み上げて、最後には、子どもたちは『ディベート』や『討論』ができるようになります。」というようなものでした。

これならば「英語討論を目指している授業」と呼び名を変えるべきだと思います。

やりとりをできる力を子どもに保障しなければ、ディベートも討論も話し合いも達成できないと考えているからです。

しかし、逆に言いますと、メモ紙を机上に置かずに論理のやりとりができるようになるTOSS英会話ディベートならば、この前人未到の領域に足を踏み入れる可能性があると思います。

私は「英語討論は無理だ」「誰もできていない」と言いたいのではなく、「TOSS英会話ディベートという希望がある」「可能性がある」「武器がある」と言いたいのです。

2 無制限に続く高速会話

「ダイヤモンド・ダイアローグ」についてはご存知でしょうか。

簡単に説明します。

これは2007年に徳島県の野網佐恵美氏（小学校教諭）が発明した、2文ダイアローグを4つ組み合わせてあらゆる方向に行ったり来たりして長く会話を続ける指導法です。

まさに、「情報の行き来」「やりとり」です。

「ダイヤモンド・ダイアローグ」というステップが英語指導カリキュラムの中に必要な理由は2つあります。

1つ目の理由は、上に述べたように、子どもが、複数（4つ）の**ダイアローグを「つなげ」ながら会話を続ける**能力が身に付くからです。

何種類ものダイアローグを子どもに指導した後、「今まで蓄積したダイアローグ群を自由につなげて長い会話をしてごらん」と指導したいと思ったことはありませんか。

4つのダイアローグを使えるようになったら、その4つをつなげるだけです。こんな簡単なことならできるはずだと教師としては思ってしまいがちです。

しかし、この「つなげる」を子どもはできないのです。

4つのダイアローグを個別にはスラスラと使えます。

しかし、使えるはずの4つのダイアローグをつなげて、長い会話をすることは難しいのです。

いったいなぜなのでしょうか。

教師は、確かに目の前で子どもが4つのダイアローグを個別にはスラスラ使う姿を目撃しているのです。

それにもかかわらず、「つなげる」となると子どもはできないのです。

理由は、状況を判断し、どのダイアローグを使うべきかを瞬時に判断しなくてはいけないからです。

実際に、「複数（4つ）のダイアローグをつなげながら会話を続ける」という**体験を通過させ**なければ、なかなかできるようにならないのです。

その体験をさせるための有効な手段が「ダイヤモンド・ダイアローグ」なのです。

TOSS英会話の研究においても、2007年までは、2文、4文、6文、8文

……という具合に、会話の長さに制限がありました。

セミナーでも「何文ダイアローグまでできた？」ということで、「何文か」の数字をどれだけ大きくできるかが、ひとつの指標になっていました。

しかし、ダイヤモンド・ダイアローグがこの壁を突破しました。

イノベーションでした。

その後、各ダイヤモンド・ダイアローグや2文ダイアローグをつなげるブリッジ・トーキングも開発され、その結果として**無制限に続く会話**の指導法が初めて開発されたのです。

これらによって、子どもは状況に応じて既習のダイアローグを組み合わせることができるようになったのです。

しかも、「高速」でです。

内容が簡単な会話であれば、間髪入れずに子どもは切り返すことができます。

高速というのは、いちいち日本語に訳さないということです。

TOSS英会話の「読ませず」「書かせず」「訳させず」です。

日本語に翻訳している時間が無いから訳せません。

翻訳せずに会話をつなげること、その結果として無制限に会話を続ける術を子どもに教えることが、ダイヤモンド・ダイアローグやブリッジ・トーキングが必要な理由の1つ目です。

2つ目の理由は、情報が高速で何往復もするという**場面を毎日毎日何度も子どもに与えることが保障できる**からです。

その日1回の授業でダイアローグをつなげる体験を子どもにさせても、それで終わりではありません。

1度や2度の体験では足りません。

その経験を何日も何日も教師は生徒に与え続けなければなりません。

「高速で何往復もやりとりをする」という場面を何度も何度も経験する日々

が、子どもにとってディベートや討論をスムーズに技能としてできるようになるために必要な練習段階なのです。

　ダイヤモンド・ダイアローグをしないで、つまり子どもが高速のやりとりを経験しないでディベートに突入すると、遅いディベートになると思います。

　するといちいち頭の中で翻訳をしながらやりとりをすることに戻ってしまいます。これだと今の英語教育と同じ路線です。

　そもそも、討論を指導する（英語教育としての）理由の1つはまさに「高速で翻訳なしにやりとりを何往復もできる」ようにさせることです。
（内容としての理由は、異なる意見の比較検討を通してその内容についての理解が深まることです。）

　ところで、「高速」は必要なのでしょうか。

　討論の最中には、ゆっくり考えてから発言する場面が出てくるのではないでしょうか。

　その通りです。

　確かに討論ならば「高速」でないときもあります。

　しかし、その遅さは話題や論理の難しさが原因であって、英語力のせいではありません。

　討論のスピードが遅くなる場合、遅くなる理由は英語力が低いからではなく、よく考えるからであるべきです。

　論理が簡単な場合は、やはり「高速」でやりとりができる英語力を子どもに身に付けさせてあげるべきです。

　論理のやりとりの時は、脳のエネルギーを論理に向けなくてはいけません。
　英語を使うことに多量のエネルギーを使っている余裕はありません。

　たとえば、サイクリングの場合、自転車をこぐことと体のバランスをとる

ことに意識を集中させると、サイクリングを楽しめません。

　テニスの試合中、ラケットのスイングに意識を向けすぎると、作戦を考えたり、相手との駆け引きに意識を向けられません。

　サッカーの試合中、蹴り方に意識を向けすぎると、相手のウラをかくことに考えが向きません。

　そのように**ある程度無意識にできるように（自動化）させて、中身、内容に脳のエネルギーを使い**たいですね。

　だから、**「情報が高速で何往復もする」ことは、「ゴール」であると同時に、授業中に「設定するべき活動」でもある**のです。

　この活動（やりとり）が無い英語授業は、英語力の本質をトレーニングさせているとは言い難いです。

　周辺の知識を伝えているに過ぎません。

　文法や単語の暗記、きれいな発音などを学ぶのは何のためですか。

　それらはやりとりを良く行うための道具に過ぎないのです。

　逆に言うと、いくら文法を暗記させても、いくら語彙を増やさせたとしても、それらを使ってやりとり（情報の行き来）をさせる場を授業内に設定しなければ、技能にはつながらないのです。

　スパークしないのです。

　そんなことでは、従来通り、英語についての物知り博士で終わります。

　ダイヤモンド・ダイアローグやブリッジ・トーキングが必要な理由を以下に整理します。

> 1つ目の理由……複数のダイアローグを**つなげる術を子どもに教える**ことができるから
> 2つ目の理由……短時間の中でも、情報が高速で何往復もするという**体験を、毎日、何度も、子どもたちに与える**ことができるから

　ダイヤモンド・ダイアローグによるこの力が、ディベートする英語力や討論をする英語力へとつながります。

　従来の英語教育にはこれが不足しているから、予め紙に意見を書かせて相手に渡さないとディベートができないのです。

　つなげて話すことができないのです。

　それは、少なくとも、私が求めるディベートではないのです。

　セリフをあらかじめ決めておいてから行う英語ディベートは、たとえ世間では英語ディベートと呼ばれていても、私が求める英語ディベートではありません。

　さらに、「使える英語力」＝「英語でやりとりができる力」と考えるならば、英語教師にとって、机上に紙を置くべきかどうかの判断は、言わずもがなかと思います。

　私は、私たち英語教師は、**話や論理をどんどんつなげて、何度もやりとりを重ねることができる英語力**をこそ求めているのです。

> コラム

音読は完璧！　でも話せない優等生

　日本全国に、中学生の英語暗唱大会や英語弁論大会と呼ばれる催しがあります。

　多くは夏休み明けに行われます。「読み物教材」と呼ばれる長い文章（4〜5ページ）を生徒たちは音読に音読を重ねて完璧に暗記します。1学期および夏休み中の練習を経て、2学期に学級予選、学校予選が行われ、学校代表の生徒が決定されます。

　その後、町大会、地方大会が行われ県大会まであります。代表になる生徒たちは「音読」という点で100点満点です。審査をするALTも「オレよりスピーチがうまい！」と驚き、感心するほどのパフォーマンスを披露します。

　パフォーマンスのあと、ALTやJLTから生徒に英語で質問をする場面があります。たとえば、生徒が「部活で学んだこと」についてスピーチをして、審査員がその内容について質問するのです。優秀な生徒たちでもあまりスムーズに返答できません。フリーズする生徒たちを何度も見てきました。これはなぜでしょう？　全国各地で見られる光景です。

　脳における「音読」で使う神経回路と「会話」で使う神経回路が異なるからです。

　会話（やりとり）の回路を鍛えるならば会話（やりとり）をさせるという練習が授業の中に組み込まれていないといけないのです。これが、ダイアローグ指導が必要な理由です。モノローグが基本の今の英語教育からダイアローグ指導へとそもそもの基本方針を変えるべきです。

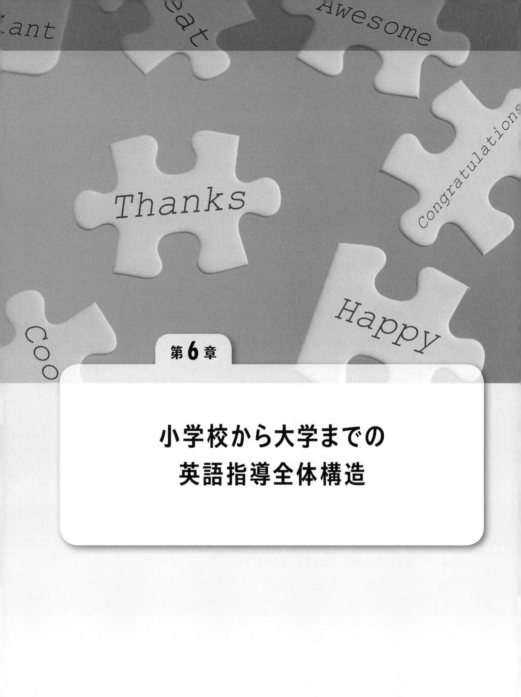

第 6 章

小学校から大学までの
英語指導全体構造

1 英語が使えるようにする指導提案

次ページの表のような、**「小学校から大学卒業までの英語指導の全体構造」**を提案します。

これは私が2012年の第28回、2013年の第30回TOSS英会話セミナーで提案したものです。

第30回TOSS英会話セミナーでは、○で囲った「調査活動を必要としない討論」つまり「動物園の動物は幸せか」の模擬授業をしました。

第30回では、「TOSS版英語ノートを提案」という講座が初めて行われました。お題は、1単元4時間とし、1単元の提案というものでした。

私はその時すでに「動物園の動物は幸せか」というディベートを実践済みだったので、「お題は1単元だが、9単元分すべてを作ってやろう！」と意気込み、全参加者分のテキストを印刷し、ダンボール箱を持ってセミナーに参加しました。

ところが、私が集合時刻に間に合わなかったため、1単元分しか参加者の皆様にお配りすることはできず、ディベートの9単元分のテキストは参加者に渡ることはありませんでした。

しかし、野網佐恵美氏のチームで学ばせてもらっている今、あの時作ったディベートのページが生かされています。

以下、この章の文は、2013年のセミナーで発表した論文のままです。

なお、BICSとはBasic Interpersonal Communication Skills の略語で、日常的に使われる挨拶や定型句などのやさしい表現形式。CALPはCognitive Academic Language Proficiency の略語で、講義を理解したり自分の意見を相手に伝え、より高度な内容を扱う表現形式。BICSとCALPについては122ページを参照。

第6章　小学校から大学までの英語指導全体構造

年齢	語彙数	時数	文法	機能	知的発達段階	主な指導法
小学校卒業	1,500語（理解語）	420時間　週2時間　小学校1年生から開始	現在の中学2年生程度（be動詞、一般動詞、三単現、進行形、過去形、未来形、比較級、I think that ～、why ～ because、if、want to などの不定詞）小学5年生から開始	BICS（会話）自分のことのスピーチ↓報告（他人のスピーチを聞き、第3者に伝える）高学年（5、6年）では、自分の感情・好みの意見や理由が言える	～中学年～具体的事物について論理的思考ができる。分類、数の大小、重さなど　～高学年～具体的事物でなく、頭の中で形式的に理解、思考することができる	～低学年～TOSS英会話、ゲーム、文字なし　～中学年～TOSS英会話、文字導入　～高学年～TOSS英会話、文法導入、調査活動を必要としない意見交流→賛成・反対　テストはしない
中学校卒業	3,000語（理解語）	420時間　週4時間	現在の中学生と同じ程度　文法テストは中学から	BICS（会話）CALP（学術的）知的・論理的な意見や理由が言える、世界の問題について討論→評論文	青年期12歳～22歳　生理的成熟と心理的諸機能の一応の完成を見る	TOSS英会話、調査活動を必要とする指名無し討論→評論文、他教科との絡み、総合的な学習の時間
高校卒業	8,000語（理解語）	735時間　週7時間	入試は実用性を図るものに大きく変えるべき。速く、大意把握	BICS（会話）CALP（学術的）知的・論理的な意見や理由が言える、世界の問題について討論→評論文		多読・多聴、討論、All in English
大学卒業	10,000語（理解語）			BICS（会話）CALP（学術的）知的・論理的な意見や理由が言える、世界の問題について討論→評論文、ビジネス英語		多読・多聴、討論、All in English、ビジネス場面

2 必要な語彙数

ネイティブ(スピーカー)の語彙数はどのくらいでしょうか。
諸説ありますが、控えめな数字は下の表のとおりです。
ネイティブといっても大学教授や秘書から一般人まで様々います。
ちなみに、語彙といっても「**理解語**」(研究者によって受容語、認知語彙とも)と「**使用語**」(同、運用語、発表語彙)があります。

- 理解語 …… 自分では使わないが、聞けば(読めば)わかる
- 使用語 …… 自分で使える(言える、書ける)

どの国でも理解語は18歳(高校卒業時、社会人1年目)で50,000語あるといいます。

英米人の語彙数	口頭英語	文字英語
理解語	聞く 58,000語	読む 58,000語
使用語	話す 5,000語	書く 10,000語

12歳(小学校卒業時)では10,000語あるといいます。
ともに理解語です。
どこにゴール(目標)を置くかで全体構造が変わります。
どこにゴールを設定するのが妥当でしょうか。
日本人の大学生が卒業するまでに、英米人の18歳くらい(50,000語)が妥当でしょうか。
小学校を卒業するまでに英米の12歳くらい(10,000語)でしょうか。
いいえ、基本方針としてネイティブの語彙数を無視します。

日本人が英語を使うのですからネイティブと区別します。

プロの通訳でさえ30,000語程度なのです。

「英語が使える日本人」(「英語が使える日本人育成のための行動計画、文部科学省、平成15年」)を育成したいのです。

「ネイティブのように使える日本人」でなくていいのです。

次に、このたび(2012年度)改訂された新学習指導要領のデータを参考に取り上げます。

中学校で1,200語、高校で1,800語です。

累計で高校卒業時に3,000語です。

学習指導要領の語彙数	中学卒業時	高校卒業時
理解語・使用語の区別なし	1,200語	3,000語

3,000語はどうでしょうか。

十分ですか。

そもそも3,000語とはどの程度の力なのでしょうか。

ネイティブの3歳の語彙数です。

ネイティブを無視するといってもこれではあまりにも不足は明らかです。

学習指導要領では不十分なのです。

学習指導要領では、そもそも「理解語」「使用語」の区別が明確でありません。

基本的なおさえが**読み書き同習だから習得するべき語彙数が少なくなってしまう**のです。

従来の、そして今も主流の文法訳読式に基づく読み書き同習の弊害です。

ここに、面白いデータがあります。

『News Week』誌の500記事で使われている語彙を全て調べ、頻出度順に並べたというものです。

（http://d.hatena.ne.jp/n_shuyo/20081106/english）

使用されている語彙は全部で21,537種類。

その内、上位12,100語で全体の96.7％を占めるそうです。

リーディングの際、96.7％の単語が理解できれば、辞書を持たずにスラスラ内容を理解できます。

これによると、現在の学習指導要領で示される中学卒業レベル（1,200語）では、文章中の語彙の7割程度がわかるということになります。

高校卒業レベル（3,000語）では、8割5分を理解できるということになります。

文章を読んでいて、7割の単語がわかるというのは、全体の趣旨のどれくらいを理解できるレベルなのでしょうか。

残りの3割は推測しながら読んでいけるのでしょうか。

8割5分の単語はどうでしょうか。

残り1割5分くらいなら知らない単語であっても、何とか大意把握はできるのでしょうか。

答えはNoです。

これでは文章全体の内容を理解できませんし、推測もできません。

したがって、結論として、**10,000語を最終ゴール（大学卒業時）とする**ことがいいと私は考えています。

私の10,000語という考えは、2011年から変わっていません。

大学卒業までの10,000語からさかのぼり、高校卒業までに8,000語、中学卒業までに3,000〜4,000語、小学卒業までに1,500語を中間ゴールとするこ

とを考えています。

　もちろん今後、指導要領が変わり、授業時数が変われば中間ゴールも変化することになりますが。

『News Week』に登場する語	記事全体におけるカバー率
上位　1,530語	76.9％
上位　2,913語	84.1％
上位　4,896語	89.4％
上位　8,679語	94.3％
上位12,100語	96.7％
上位21,537語	100.0％

　さらに、ラドー（Robert Lado）によると、アメリカの大学で留学生がリーディングをこなしていくには、最低10,000語が必要だとのことです。

　10,000語という数字は、『News Week』誌のデータと重なるので説得力があります。

　ちなみに英検でいうと、10,000語とは、英検1級の最低レベルで、英検準1級は最低8,000語が必要と言われています。

　私は体験を通じて納得します。

　私は大学時に9か月間、アメリカの大学に留学しましたが、教科書を必要な速さではほとんど読めませんでした。

　帰国後、大学5年生の時に英検準1級に合格しました。

　8,000語程度（英検準1級）では、辞書なしにスラスラ読めないのです。

　繰り返しますが、10,000語とはネイティブの12歳（小学校卒業時）程度です。

　しかし、知的レベルが12歳程度でいいと言っているのではありません。

　12歳のネイティブが持っている10,000語とは中身が異なる10,000語を目標

とすると良いと思っています。

> 日本人の大学生は理解語10,000語をゴール（目標）とする

ことを提案します。これはつまり、

> 辞書なしで英文をスラスラ読めることを目標に設定する

ことを意味します。

ネイティブのように使えることを目指すのではなく、「英語が使える」日本人を育成するのが基本方針です。

3 語彙獲得のための指導方法

第1項で示した「**小学校から大学卒業までの英語指導の全体構造**」で、私は語彙数についても提案しています。

その数は千単位です。

無謀だと、あるいは机上の空論だと思われた方もおられると思います。

3年前の教員免許更新講習で、講師である大学教授に「ずいぶん厳しい数字ですね」と言われました。

そこで、語彙数の増やし方についても少し触れます。

結論は「単語リスト」を使うことです。

「えっ!?　従来と同じ方法だ」と思われるかもしれません。
　しかし異なります。
　従来の方法は、先に単語リストを提示します。
　それは、リピートさせようが、書かせようが、ペア活動で面白くしようが一方通行のモノローグ指導です。

　しかし、「TOSS英会話を土台にした発展学習」においては、生徒たちは単語を使った「やりとり」を音声で先に体験しています。
　リストの前に生徒たちは「やりとり」「情報の行き来」の体験の中で実際に単語を使い慣れています。
　ここが異なる点です。

　「動物園の動物は幸せか?」で実際に使った単語リスト(のべ208語)と、「尖閣諸島は日本のものか中国のものか?」(120語)で実際に使った単語リストを提示します。
　計画ではなく、実践済みです。
　この2つの「TOSS英会話を土台にした課題」だけで、合計のべ300語近い語を扱いました。
「のべ」と書いたのは、重複している単語があるからです。
「TOSS英会話を土台にした発展学習」を構成する1つ1つの「TOSS英会話を土台にした課題」の中で、1つあたり100〜200語を扱うという作戦です。

単語リスト 「Are animals in the zoo happy?」 パート1

1.	wild	形容詞	野生の
2.	unhappy	形容詞	不幸な
3.	dangerous	形容詞	危険な
4.	safe	形容詞	安全な
5.	cage	名詞	おり
6.	think	動詞	考える、思う
7.	believe	動詞	考える、思う、信じる
8.	protect	動詞	保護する、守る
9.	save	動詞	救う、救助する
10.	life	名詞	命； 人生； 生活
11.	die	動詞	死ぬ
12.	death	名詞	死、死ぬこと
13.	food	名詞	食べ物
14.	feed	動詞	食べ物を与える
15.	many - more - the most	形容詞	多い － もっと多い － 一番多い （可算）
16.	much - more - the most	形容詞	多い － もっと多い － 一番多い （不可算）
17.	lot	名詞	たくさん、多量
18.	a lot of ~		たくさんの~　（可算も不可算も）
19.	lots of ~		たくさんの~　（可算も不可算も）
20.	vegetable	名詞	野菜
21.	meat	名詞	肉
22.	nutrition	名詞	栄養
23.	nutritious	形容詞	栄養のある
24.	control	動詞	管理する、コントロールする
25.	health	名詞	健康
26.	healthy	形容詞	健康に良い
27.	balance	名詞	バランス
28.	clean	形容詞	きれいな、清潔な
29.	clean	動詞	きれいにする、そうじする
30.	dirty	形容詞	汚い
31.	can ~	助動詞	~することができる
32.	be able to ~		~することができる
33.	zoo keeper	名詞	動物園の飼育員
34.	nervous	形容詞	神経質な、緊張している
35.	relax	動詞	リラックスする
36.	feel	動詞	感じる
37.	easy	形容詞	安心している；簡単な
38.	ease	名詞	安心、安らぎ
39.	people	名詞	人々　（複数）
40.	person	名詞	人　（単数）
41.	human	名詞	人間、ヒト
42.	smile	動詞	にっこり笑う
43.	smile	名詞	笑顔
44.	every day	副詞	毎日
45.	everyday	形容詞	毎日の
46.	fun	名詞	楽しみ、楽しいこと
47.	interesting	形容詞	おもしろい、興味深い
48.	boring	形容詞	つまらない、退屈させるよう
49.	exciting	形容詞	興奮する、わくわくさせるよう
50.	large	形容詞	広い、大きい

「パート2」もある。「パート2」でも約100語扱う。※「パート1」と重複する単語もあるが。1つの「TOSS英語タスク」で、100〜200語を扱えれば、10個の「TOSS」英語タスクで、1000〜2000語を扱えることになる。それも「使用語」での計算である。生徒の「理解語」は「使用語」はよりはるかに多くなる。

第6章 小学校から大学までの英語指導全体構造

51．	small	形容詞	小さい
52．	run	動詞	走る
53．	exercise	名詞	運動
54．	exercise	動詞	運動する
55．	live	動詞	生きる； 住む
56．	life	名詞	命； 生活； 人生
57．	for a long time		長い間
58．	forever	副詞	永遠に、いつまでも
59．	forever	形容詞	永遠の
60．	free	形容詞	自由な
61．	freedom	名詞	自由な
62．	hunt	動詞	狩りをする
63．	enjoy ～ing		～することを楽しむ　　※動名詞
64．	however	接続詞	しかしながら　　　= but
65．	on the other hand		もう一方では
66．	animal doctor	名詞	獣医
67．	vet	名詞	獣医
68．	kind	形容詞	優しい、親切な
69．	kind	名詞	種類
70．	generous	形容詞	優しい、寛大な
71．	care	動詞	気に掛ける、気にする、注意を払う
72．	care	名詞	注意、ケア
73．	take care of ～		～の世話をする
74．	injury	名詞	けが
75．	injured	形容詞	けがをしている
76．	cure	動詞	治療する、治す
77．	lose	動詞	失う
78．	instinct	名詞	本能
79．	get	動詞	手に入れる； （形容詞）になる
80．	fat	形容詞	太っている
81．	nature	名詞	自然
82．	give	動詞	与える
83．	responsible	形容詞	責任がある
84．	responsibility	名詞	責任
85．	agree	動詞	賛成する
86．	disagree	動詞	反対する
87．	for	前置詞	～に賛成して
88．	against	前置詞	～に反対して
89．	agree with ＋人		～に賛成する
90．	agree to ＋考え		～に賛成する
91．	idea	名詞	考え、アイディア
92．	thought	名詞	考え、思い　　※think の名詞形
93．	sure	形容詞	確信して
94．	whether	接続詞	～かどうか（ということ）
95．	reason	名詞	理由
96．	question	名詞	質問
97．	ask	動詞	たずねる、質問する、きく
98．	answer	動詞	答える
99．	nature	名詞	自然
100．	don't have to ～		～しなくていい、～する必要がない、～する義務がない

単語リスト　尖閣諸島

1．island	名詞	島	
2．the Senkaku Islands	固有名詞	尖閣諸島、尖閣列島	
3．discover	動詞	発見する　≒ find	
4．find	動詞	見つける、発見する　find - found - found	
5．travel	動詞	旅行する、移動する	
6．navigate	動詞	(船などを) 操縦する	
7．map	名詞	地図	
8．foreign country		外国	
9．declare	動詞	宣言する	
10．survey	名詞	調査	
11．government	名詞	政府	
12．the Government of Japan		日本政府	
13．inhabit	動詞	(場所) に住む、生息する	
14．inhabited	形容詞	人の住んでいる　※「inhabit」の過去分詞	
15．uninhabited	形容詞	人の住んでいない、無人の	
16．trace	名詞	痕跡；あしあと	
17．cabinet	名詞	閣議、内閣	
18．decide	動詞	決める	
19．decision	名詞	決めること、決定　※ make a decision	
20．Cabinet Decision		閣議決定　※ make a Cab	
21．formally	副詞	公式に	
22．incorporate	動詞	編入する、合併する	
23．territory	名詞	領土	
24．the Nansei Shoto Islands	固有名詞	南西諸島	
25．Taiwan	固有名詞	台湾	
26．the Pescadores Islands	固有名詞	澎湖諸島（ほうこしょとう）	
27．give	動詞	与える　　give - gave - g	
28．dynasty	名詞	王朝	
29．the Qing Dynasty	固有名詞	清（中国の王朝名）	
30．treaty	名詞	条約	
31．the Treaty of Shimonoseki	固有名詞	下関条約　※日清戦争後の多	
32．effect	名詞	効果	
33．come into effect		(法律などが) 有効になる	
34．include	動詞	含む	
35．peace	名詞	平和	
36．the San Francisco Peace Treaty	固有名詞	サンフランシスコ平和条約	
37．administration	名詞	管理、統治	
38．under the administration of 〜		〜の統治の下におかれる	
39．accordance	名詞	一致、調和	
40．in accordance with		〜に従って、〜の通りに	
41．right	名詞	権利	
42．administrative	形容詞	管理の、行政上の	
43．administrative right	名詞	施政権　※信託統治において、	
44．express	動詞	表現する	
45．object	動詞	反対する、抗議する、異議	
46．objection	名詞	反対、抗議、異議、不服	
47．petroleum	名詞	石油	
48．resource	名詞	資源	
49．petroleum resources		石油資源	
50．continent	名詞	大陸	
51．continental	形容詞	大陸の	
52．shelf	名詞	棚	
53．continental shelf		大陸棚	
54．the East China Sea	固有名詞	東シナ海	
55．the Government of China		中国政府	
56．authority	名詞	権威、権力	
57．Taiwan authorities		台湾当局	
58．history	名詞	歴史	
59．historic	形容詞	歴史の	
60．geography	名詞	地理学	

「尖閣諸島のディベート」（TOSS英会話）→「尖閣諸島の単語リスト」（文字による単語のまとめ）→「尖閣諸島についての『日本政府の見解』という長文の読み」（文字資料の理解、連続型テキストを速く読む）までは不十分ながら実践できた。2012年度、中学3年生（中学2年生の時、加藤はこの学年を担当していない）に実践した。今後は、それぞれの指導ステップの不十分な点の質を上げ、「討論」→「論文」が書けるような指導の研究を進める。「TOSS英会話」→「討論と論文」まで行けて、尖閣諸島の「TOSS英会話を土台にした課題」が完成する。その基本方針は、「TOSS英会話を土台に」することだ。従来の英語指導では達成できなかったことである。

61．geographic	形容詞	地理的な、地理学の	
62．geology	名詞	地質学	
63．geological	形容詞	地質学 (上) の、地質の	
64．evidence	名詞	証拠	
65．valid	形容詞	法的に有効な	
66．ground	名詞	根拠	
67．light	名詞	光	
68．in light of		～に照らして、～を考慮して [すれば]：～の観点から	
69．international	形容詞	国際的な	
70．law	名詞	法律	
71．international law		国際法	
72．inherent	形容詞	固有の、本来の	
73．valid control		法的に有効な支配	
74．under the valid control		法的に有効に支配している	
75．territorial	形容詞	領土の	
76．sovereignty	名詞	統治権、主権	
77．prefecture	名詞	県	
78．under the control		支配している	
79．under international law		国際法上	
80．neither	副詞	～もそうでない	
81．neither ～ nor …		～でも…でもない	
82．Formosa	固有名詞	Taiwan の旧称	
83．agreement	名詞	協定；契約	
84．concerning	前置詞	～に関する、～に関して	
85．convention	名詞	条約、協定	
86．restoration	名詞	返還	
87．Okinawa Restoration Convention	固有名詞	沖縄返還協定　※ 1972 年 5 月 15 日に発効	
88．security	名詞	安全	
89．Japan-US Security Treaty	固有名詞	日米安全保障条約	
90．concrete	形容詞	具体的な	
91．example	名詞	例	
92．fishery	名詞	漁業、水産業	
93．collect	動詞	集める	
94．collection	名詞	集めること	
95．feather	名詞	(鳥の) 羽	
96．coral	名詞	サンゴ	
97．raise	動詞	育てる、飼育する	
98．cattle	名詞	牛、畜牛　※単複同形	
99．can	動詞	～を缶詰にする	
100．canned goods		缶詰	
101．approval	名詞	(正式の) 承認、認可	
102．give approval to ～		～に許可を与える	
103．World War Ⅱ	固有名詞	第 2 次世界大戦　※ 1939 年から 1945 年の 6 年	
104．the Second World War	固有名詞	第 2 次世界大戦　※ 1939 年から 1945 年の 6 年	
105．field survey		現地調査	
106．the United States (of America)	固有名詞	アメリカ合衆国	
107．the Ryukyu Islands	固有名詞	琉球列島	
108．tax	名詞	税	
109．owner	名詞	持ち主	
110．research	名詞	調査	
111．research	動詞	調査する	
112．appreciation	名詞	感謝	
113．fisherman	名詞	漁師　※複数形は「fishermen」	
114．distress	名詞	遭難；　苦痛、苦難	
115．province	名詞	(中国などの) 省、(カナダ、アメリカなどの) 州	
116．atlas	名詞	地図帳	
117．belong	動詞	属する、所属する	
118．belong to ～		～に属する、～に所属する	
119．Japanese-Sino War	固有名詞	日清戦争 (中国語：甲午戦争、第一次中日戦争) 1984 年	
120．terra nullius	名詞	テラ・ヌリウス (ラテン語で無主の地、誰のものでもない土地)	
121．article	名詞	(条約などの) 条、(新聞などの) 記事	

111

4 文法指導の必要性

文法指導は必要です。

　知識として意識的に学習する「意識的文法学習」も、今（2010年現在）の日本の中学生には必要です。

　将来、小学校の低学年から英語授業が週に最低2時間ずつ（できれば3〜4時間ずつ始まることを願っていますが）始まれば事情は異なりますが、今のように本格的な英語授業が中学校からという状態では、英語を意識的に体系的に学ぶ部分も必要があると考えています。

　そこが、母語の無意識的「習得」と異なる点です。

> しかし、従来のように文法から入ってはいけません。

　文法の意識的学習を行うといっても、今の英語教育のようではいけません。理由は2つあります。

　理由の1つ目は、**知識から入るのは難しいから**です。

　暗記する文法事項、単語数、スペルなどは数学の公式の比ではありません。「yをiに変えてed」や例外を入れると、「一体どれだけ暗記すればいいの？」とうんざりしてしまいます。

　エリート集団を集めたのならいざ知らず、普通の公立の学校では子どもにかなりの負担をかけてしまいます。

　結果、落ちこぼす確率も高くなります。

　かつて、「日本で英語を学習するにはIQが120は必要だ」とか「英語学習は知能指数を測るにはもってこいだ」のような声を聞いたことがありますが、

大脳皮質の「知識」から入る日本の英語教育は、そもそも負担が大きいです。

　理由の2つ目は、**脳に働きかける部分が違うから**です
　技能習得に働きかける回路と、理屈から入り知識を扱う回路は異なります。

　TOSSの主張のように、**最初は音声から入るべきです。**
　かつ、音声でやりとりを通して「使わせる」必要があります。
　その後、文字や文法が追いかける方が学習者の負担が少ないです。
　技能として先行して無意識に使う練習をまずは行い、知識としてあとからまとめのように意識的に学習するのです。

　また、従来の方法では、発達障害を抱える学習者や、勉強の苦手な子どもたちには特に厳しいです。
　絵、音声を用い、さらにリズムによる心地よさを加え、心象（イメージなど）に訴えかけるのが先です。

　一方、母語の学習と同じように「英語のシャワー」（音）を大量に浴びせるという主張もありますが、授業時数の制限がありなかなか厳しいです。
　乳幼児のように音声だけによる学習は、膨大な時間、年月が必要であり、現在の日本における外国語学習には向きません。

　文法の意識的学習に話を戻します。
　そういう意味での文法学習は、小学校5年生から導入すると良いでしょう。
　それまでは小学校低学年から、TOSS英会話、特にダイヤモンド・ダイアローグやブリッジ・トーキングを続けると良いと思います。

つまり、文法の意識的学習に入る前に、子どもたちは十分に英語を使う経験を蓄積済みという状態になるのです。

よって、子どもたちは小学校5年生で文法の理屈を習うほうが、使う経験が無いよりは負担が少なく受け入れることができます。

それ以前、小学校低学年、中学年では文法を教えなくていいでしょう。

それまでは、音声から入り、英語を学習対象としてあまり意識させない方が良いでしょう。

言語の「形式」をあまり意識せず、「内容」に意識を向けるクセを学習者につけさせる方が良いのです。

ことばは「内容」が一番大事であるはずです。

私たちのように従来の英語教育を受けた大人は、ことばの「内容」よりも文法構造などの「形式」に意識を向けるクセがついてしまっています。

文法訳読方式の弊害です。

この方法は現在の英語教育でも、あまり変わっていません。

教科書がモノローグによる文法を積み重ねるいわば「文法シラバス」なので、どうしてもその影響が大きいです。

教科書が文法シラバスなのですから、日本中の**英語教師たちも「英語を教える ＝ 文法知識を1つずつ蓄積させる」**と思ってしまっている傾向があります。

知識と技能は実は異なるのですが、なかなか日本の英語教師も気づいていません。

実は、中学校で習う文法でほとんど必要な文法は網羅されています。

しかしながら、「**文法知識を全部覚えても、英語が話せるようになるとは**

限らない」ということにあまりみんな気づいておりません。

　文法知識を暗記することと、それを使って相手の発言に瞬時に切り返す「やりとり」をできる能力とは同じではないのです。

　では、小学校高学年の２年間でどの文法項目を指導すればいいのでしょうか。

　私は、大雑把に言ってせいぜい**現在の中学２年生くらいで十分**だろうと思います。

　具体的には、「be動詞、一般動詞、三単現、進行形、過去形、未来形、比較級、I think that 〜、why-because、if、want to などの不定詞」です。

　現行の学習指導要領（2011年度版）では、小学校高学年から外国語活動が始まっています。

　この指導要領は、2008年3月に発表されました。

　先の表にまとめた私の提案は、2012年の第28回TOSS英会話セミナーが初出でしたが、2011年には決めていました。

　小学校1年生から外国語が教科として週に2時間ずつ入れば、という計画です。

　小学校1年生から英語授業を始めてほしいという希望です。

　しかし、**今後、時数がもっと増えれば、小学校卒業までに、今の中学3年の文法を教えることができる**と思います。

5　中学校における文法指導と筆記テストの関係

　文法は、母語話者が幼児期に習得するように、無意識に使えるようになると一番楽です。

前述した「無意識的文法学習」です。

これは、TOSS英会話ダイアローグ指導を通して、発話を繰り返すことによって強化することができます。

「えっ!?　リスニングじゃないの?」

「英語のシャワーを浴びせることじゃないの?」

いいえ、アウトプットなのです。

シャワーのような多量のインプットではないのです。

だから、聞く話す同時指導法、つまりTOSS英会話ダイアローグ指導が有効なのです。

子どもたちは、何度も音声でやりとりを重ねることによって、正しい語順や熟語や格、単数複数の概念などの「形式」を**感覚**として**時間をかけながら**身につけていきます。

脳が働いているかどうかは、電気が流れスパークするところで分かる。文法事項は、発話エリアのブローカ野（運動言語野）でスパークするのか、聴解（聴いて意味を理解する）エリアのウエルニッケ野（感覚言語野）でスパークするか、という問題である。

通常我々は、文法を理屈で習い、理屈で教えようとしてきた。自分達がそのように習ってきたからだ。そのことからすると、文法の習得エリアは聴解エリアのウエルニッケ野（感覚言語野）で発火するように思える。理屈を論理的に聴いて分かり、理解されたら使えるという道筋、それが従来の指導として考えられてきたはずだ。しかしである。

文法事項は、案に相違して、発話のエリアで電気発火が起こる。

『TOSS英会話指導はなぜ伝統的英語教育から離れたか』p.45

ここで向山浩子氏が「文法事項」や「文法の習得」ということばで表現していることは、「**無意識**で文法的に正しい発話ができる能力」という意味での文法であると思います。
「文法の無意識的学習」の話です。

　しかし、中学校や高校の英語教師の頭の中には、入学試験があるという現状が理由で、「**意識的**に筆記試験で使える文法知識」という意味での文法もあります。
「文法の意識的学習」です。
　クラッシェンが言うところの、前者がacquisition（習得）で、後者がlearning（学習）です。
　平たく言えば、前者がおしゃべり中の文法の正しさで、後者が筆記試験の文法の正しさです。
　私は前者の文法の正しさを求めますが、学校現場では後者の文法の正しさを求めたい教師も多くいます。
　つまり、「筆記試験での自分のクラスの平均点をあげたい」という教師です。

　後者、筆記試験の文法を求める場合、向山浩子氏の引用にある文法の話はそれほど大きくは貢献しないと思います。
　つまり、

> TOSS英会話をやっても、それだけでは筆記試験の平均点はあまり上がらない

ということです。

なぜでしょうか。

おしゃべり中は意識的にモニターしない限りはふつうは無意識です。

子どもと英語でおしゃべりをしていて、教師が「あぁ、この子、英語の語順の正確さが増してきたな～」と感じたり、「熟語が増えて表現の幅が出てきたな～」と感じる意味での文法の正確さは、無意識のうちに技能として使うことができる文法力を意味します。

おしゃべり中は、文法を意識する時間がありません。

時間が無い中での瞬間芸として、技能としての文法の正確さのことです。

一方、筆記試験中は時間がたっぷりあります。

算数や数学の計算問題を解くほどの時間があります。

計算問題を解く時間は、おしゃべり中に相手の発言に対して切り返すまでの時間と比べると何十倍、何百倍くらいの時間があります。

それくらいたっぷり時間がある場合に活躍する文法知識を求めている教師にとっては、やはり、子どもに文法問題を解かせる練習をさせる方法を私はお勧めします。

だから、「TOSS英会話でブローカ野で発火させているのに、文法テストの平均点が良くならないのです」と不満を言わないでください、ということを私は言いたいのです。

文法テストの平均点をあげたいのなら、文法テストの練習をする必要があるのです。

会話力をあげたいのなら、会話の練習をさせる。
試験の点数をあげたいのなら、試験の練習をさせる。

ということです。

> 会話中の文法力と、筆記試験における文法力とは必ずしも一致しない

ということに、再度触れておきたいと思いました。

　無論、同じく文法テストの練習をさせるにしても、TOSS英会話を通過した場合としない場合では、間違いなく**TOSS英会話を通過させた場合の方が子どもの負担も少なく、定着率も良い**のは言うまでもありません。
　しかし、**文法テストの平均点をあげるためには、TOSS英会話とは別個に、そういう文法練習が必要である**ということです。

　TOSS英会話で指導した後、中学校の教師はワークや音読練習など何かの時間を少しずつ削って、筆記試験対策の時間を作ることをおすすめします。
　そうでないと、せっかく子どもの「使える英語力」を育成しているにもかかわらず、別の能力を測る従来型の文法テストに足下をすくわれかねないからです。
　「学力テストの平均点が低いのに、そんなTOSSの英語指導なんてやっている場合じゃないでしょ」と言われかねないので注意が必要だということです。

6　どの学年でどの程度の「機能」を学ぶべきか

　ことばの種類には2種類あります。

「日常会話」と「学術的なことば」です。

簡単に言うと、「おしゃべり」と「勉強」です。

前者は、外国語学習の導入に適していると私は考えており、TOSS英会話の誕生はこの指導のための革命であると思っています。

後者は、学校における母語の学習と言っていいです。

小学校1年生から始まる「国語の授業」がこれにあたります。

小学校1年生に前者（おしゃべり）の指導は必要なく、当然クリアしているという前提で、後者の指導から始まります。

前者を音声による「日本語のおしゃべり」とし、後者を国語の授業の文字がメインの「作文や読解」などとイメージすればよいです。

カミンズ（Jim Cummins）はbilingualの言語能力を1979年にBICS（Basic Interpersonal Communicative Skills）とCALP（Cognitive Academic Language Proficiency）ということばで説明しています。

> **BICSは、日常会話等の**（中略）**「基本的対人伝達能力」**をさす。4技能のうち、とくに**リスニングとスピーキング**がこの能力を支えている。
> （中略）
> **CALPは、抽象度の高い思考が要求される認知活動と関連する「認知学習言語能力」**をさし、とくに**リーディングとライティング**がこの能力を支援する。
> 『新版英語科教育法』木村松雄、学文社、p.22　（太字は加藤）

BICSとCALPの両方が必要だというのが結論であり、従来の日本における英語教育はCALPから入る方に偏っていたのが欠点です。

よって、

> TOSS英会話という革命的武器でBICSから指導し始め、それからCALPを指導し始め、併用し、徐々にCALPの割合を増やしていく

という流れがいいと思います。
従来とは順序が正反対になります。

「相手の好みが訊ける」「レストランで注文ができる」「将来の夢について会話する」などのBICS（会話）をTOSS英会話で小学低学年から指導し始め、小学校中学年から「文字」が入り、高学年から「文法」も導入します。
高学年では「感情・好みの意見や理由が言える」という機能も教えると良いでしょう。

こう考えると、『英語ノート』『Hi, friends!』では、機能的に低いと言わざるを得ません。
会話だけで終わっては、英語が使える日本人になりません。

そして、「機能」は、小学校高学年の「知的発達段階」と関わります。
機能でいうと、小学校5年生では「感情・好みの意見や理由が言える」ことが目標であることが良いと思います。
調査活動を特に必要としない意見交流をさせたいです。
この本のメインであるTOSS英会話ディベートのことです。
従来のディベートではなく、メモに頼らずにフリー・ハンドで行うディベートです。
自分自身の気持ちや感じたことを交流するという程度です。
友達の意見を聞いて、それに対して賛成か反対の意見を述べ、理由を言

えるようにしたいです。
　小学校高学年なら、そのくらいの知的レベルの学習をさせないと満足しないはずです。
　そういう意味で、『英語ノート』も『Hi, friends!』もそのままやるよりも、**TOSS英会話の三構成法の「ゲームやアクティビティー」の部分で使う方がよいのではないでしょうか。**

　そして、その後はやはり**TOSS英会話を土台にした発展学習**をすると良いと思います。
　小学5、6年生に、「あいさつ」「数を数える」「色や形」「誕生日をきく」〜できる、という教材だけでは、幼稚と言わざるを得ません。
　その理由は「知的発達段階」に合わないからです。
　きつい言い方になりますが、文部科学省から出されている『英語ノート』も『Hi, friends!』も幼稚と言わざるを得ません。

　ちなみに、私が「TOSS英会話を土台にした課題」と勝手に呼んでいるものは、いわゆる「タスク・シラバス」で用いられる「タスク」とは異なります。
　「TOSS英会話を土台にした課題」とは、TOSS英会話の土台の上に、「使う」ために設定した応用課題のことです。
　聞く・話すの2つの統合であり、4技能の「統合」をめざすものです。

7　知的発達段階

小学校中学年では、具体的事物について論理的思考ができるそうです。

ピアジェ(Jean Piaget)による認知の発達段階によると、具体的操作期(7～12歳)は、事物そのものを使った思考活動(具体的なものや可逆性を獲得した論理的思考)ができます。

さらに、形式的操作期(12歳以降)には、仮説による演繹的思考活動ができます(個々から実証、分類、数の大小、重さなど)。

つまり、高学年は、具体的事物でなく、頭の中で形式的に理解、思考することができるということです。

ハヴィガースト(Robert J. Havighurst)も同様のことを述べています。

小学校4年生までと5年生からでは、指導の形を変化させるべきです。

ずっと会話だけだと5年生は飽きが来るし、書きたいという欲求にも応えていないことになります。

よって、小学校5年生では意見交流(討論)をすると楽しいはずです。

討論といっても、調査、取材やKJ法などといった知的に高度な理由付けを必要としないものです。

「○○が好きだ。→　その理由は△△と思う、気がする、感じるから」という程度のものである。

屁理屈も入るイメージです。

例えば「動物園の動物は幸せか」「給食と弁当はどっちがいいか」「都会と田舎なら住むのはどちらがいいか」などです。

つまるところ、やりとりの最後は個人的な感性の交流程度にとどまっても

いいのです。

　小学校6年生の英語討論は、すでに学習済みの他教科の内容を扱えます。主に社会科や理科などが話題としては良いでしょう。

　既に、子どもたちの頭の中には内部情報の蓄積がなされている状態ですから。

　どのような話題が良いかについては、いつか整理されれば発表できるかもしれません。

　そして、**中学校では知的発達段階の一応の完成を見る**ので、この意見交流に調査、取材がより多く加わります。

　学習者は証拠を用意した上での論理的対決を体験します。

　指名無し討論ということです。

　例えば、地球環境問題、エネルギー問題、アフリカの飢餓、領土問題、食糧問題、人権問題などです。

　社会科や理科など他教科の内容を扱うのも良いでしょう。

　発言すべき表現の英訳を事前に紙にメモした状態で行うディベートではなく、「ライブでのやり取り」を基本に置いた**ディベートが「できる」英語力を身につけた生徒たちは、その英語力を他のディベートや、あるいはその後の討論の場でも使うことができます。**

　そもそも、討論で使うために、TOSS英会話ディベートを通して様々な英語表現を学ばせているのです。

8 資料（連続型テキスト）を読ませる指導法

　私は、尖閣諸島という題材を使って、「音声でのやりとり（ディベート）」→「文字による単語リスト」→「文章（連続型テキスト）」という順で指導しました。
　尖閣諸島の個人ディベートの後、外務省のホームページに掲載されている長い文章（難しい単語は易しいものと換えた）を使いました。
　黙読と音読の両方を指導しました。

　生徒たちは初めて目にする英文でもなかなか上手に音読できました。
　文章を見せ、私が1回範読し、意味を確認させたら、すぐにペアの音読に入ることができました。
　教科書本文の指導と比較すると、あまりにも乱暴な指導に見えるかもしれませんが、これでもペアの音読が成り立つほどでした。

> ことばは、母国語でも外国語でも、口頭でのことばの使用ができるようになってからの方が読み書きやその他の知識教育が活きてくる。何よりも子どもが楽にコミュニケーション英語力をつけることができ、そしてそれを基盤に従来の英語教育を凌駕する成果をもたらすに違いないことを確信しての主張だ。
>
> 　　　　　　　　　　　『子どもが話せるTOSS型英会話指導』p.109

　向山浩子氏の確信通りのことが、私の目前で起きました。
　私は自分の教室の中学生にTOSS英会話の威力を見せつけられました。
　TOSS英会話で指導した後の方が、読み書き、文法知識能力の向上という

点でも有利です。

　2012年度、私の地元、北海道にある十勝英語教育サークルの役員十名近くが、私の研究授業を見に勤務校に来ました。
　私が1時間目から4時間目まで4学級連続の研究授業をし、午後に事後研究会をしました。
　こういうことをこの年は夏と冬に1回ずつ行いました。
　十勝英語教育サークルの役員の1人は、「俺でも読めないものを音読している！」と驚いていました。
　外務省のホームページに載っている「尖閣諸島についての基本見解」(http://www.mofa.go.jp/region/asia-paci/senkaku/basic_view.html)を私が難しい単語を一部易しい単語に換えたとはいえ、中学生がすぐさま音読しました。

　つまり、英語教師でも容易に読めないような難しい連続型テキストを、中学生が今日初めて見たばかりの英文にもかかわらず、なかなか上手に音読できているのですが、そのカラクリは、事前に単語を全て知っているからなのです。
　単語リストで十分に練習しているのです。
　いや、正確には単語リストで練習したのではありません。
　それよりももっと前に、**TOSS英会話ダイアローグ指導を通して、子どもたちは単語を使い慣れている**のです。
　個人ディベートをできるほどに使い慣れているのです。
　これがカラクリです。
　「TOSS英会話 → TOSS英会話ディベート → 読み」という順で指導したのです。
　TOSS英会話の土台の上に組み立てたのです。

TOSS英会話を先に行うと、従来の英語教育でやっているリーディングもライティングもリスニングもスピーキングも、より簡単になるのです。

この時の様子を撮影した映像も、どこかで紹介できればと思っています。

それにしてもこのことを2006年にすでに著書の中で主張していた向山浩子氏の理論の深さに驚きです。

コラム

脳内でどの回路を使っているかの違いは
スピーチの失敗の仕方に表れる

　79〜80ページにTOSS英会話を土台にした課題の例として「自己紹介スピーチ」を紹介しました。

　従来型のスピーチとTOSS英会話を土台にしたスピーチの指導法の違いを説明しましたが、読者の方々の中には「指導法は違っても、両者ともスピーチができるならばどっちでもいいじゃないか」「スピーチというゴールが同じならば、指導法はどうでもいいじゃないか」と思われるかもしれません。

　しかし「ゴールが同じ」ではないのです。「スピーチができる」という表現の意味が違うのです。

　前者(従来型)で指導した場合と、後者(TOSS英会話)で指導した場合では、生徒のつまずき方が違うのです。つまり、脳内での作業自体が異なるのです。使う神経回路が違うのです。

　前者の場合、つまずく生徒は例えば、「アイ、ゴー、うーん、トゥー、テニス、プラクティス、……、エブリデー(I go to tennis practice every day)」という感じです。

　しかし後者の場合、つまずくとしたら「I go to tennis practice every day. うーん。I go there at 3:45. うーん。I go there by bike.」のように、文と文の間でつまずきます。いちいち文法を考えながらやっているわけではないので、1文はスムーズに一気に言えます。また、落ちこぼしの数が後者はほとんどいないことは言うまでもありません。

第7章

追試報告

私がTOSS英会話ディベートを完成させたのが2012年の2学期。

　初めて公に発表したのが2013年の8月、TOSS中学JAPANセミナーの英語分科会でした。

　それからすぐ、夏休み明け2か月後の10月に、清水陽月氏から追試成功の知らせを受けました。

　追試の映像を見せていただきましたが、笑ってしまうほど拙実践とそっくりの生徒の姿がありました。

　紙を見ないで英語だけで中学生が論理のやりとりをするという新発見も、やり方がわかれば誰でも追試できるということの証拠になると思います。

　以下は、清水陽月氏のレポートです。

衝撃のディベート映像

1 夏の衝撃

　2013年の夏。中学JAPANセミナーが開催された。英語の分科会。加藤心氏の授業映像を見て、会場全体に衝撃が走った。

　あるテーマについて生徒達が意見を言い、相手の生徒が反論していた。そして、瞬時に再反論をしている。そのやりとりが5分間続いた。生徒の手には何も持っていない。即興でのやりとりのみであった。会場からはため息がもれた。加藤氏の映像のように生徒同士が英語でやりとりする姿は初めて見た。多くの英語教師が夢見ていた生徒の姿だ。

　私も以前、ディベートに挑戦したことがあった。理由を言う、反論する。再反論しようとしたところで、生徒は悩んでしまった。反論、再反論は高い峰であった。

　加藤氏の実践を見た時に反論、再反論がどうしてできるのか、その指導

ステップを知りたいと思った。また、自分の失敗から2つの点を知りたかった。

---

① 生徒はどのくらいの量を、どうやって練習するのか。
② 主張 ⇒ 反論 ⇒ 再反論の再反論の部分をどう指導するのか。

早速、セミナー終了後、加藤氏にこれらの質問をした。そして、夏休み明けの8月下旬から、追試を開始した。

2 追試開始
(1) 口頭練習の場面

追試をして、初めに困ったのは指導時間通りに生徒ができないことだ。加藤氏のディベート指導で、指導時間が書かれている。その通りにやろうとした。しかし、加藤氏と私の生徒達の素地が違うので、指導時間数が違ってくるのは当然だ。わかってはいるが時間通りにならないので、焦ってしまった。

1回目で、ダイアローグ形式で練習すれば、スラスラ言うことができるだろうと考えていた。実際は I think that animals in the zoo are happy. の1文を言うのもたどたどしかった。授業中、焦ってしまい、単調な練習を続けてしまった。クラスの雰囲気も悪くなってしまった。

授業終了後、加藤実践を読み返してみて、更に不安にかられた。指導時間を見てみると、どう考えても自分の生徒には無理だと感じた。そこで、今までのTOSS英会話を行っている時のことを思い出した。普段の授業でも、TOSS英会話で新出表現を導入した当日はたどたどしい。2回、3回と復習することによって、スムーズに言うことができる。このことを思いだして、以下のように考えた。

> 生徒の実態に合わせたペースで、追試する。

　こう考えると、少し気が楽になった。2回目は、"I think that animals in the zoo are happy."は1回目よりはスムーズに言えるようになっていた。"What do you think? I think that～."のダイアローグもスムーズに言えるようになってきた。
　3回目になると、生徒達は表現になれてきたのか、見違えるようにスムーズに言えるようになった。普段のTOSS英会話指導と同じ姿があった。
　次に、4つの賛成の理由、4つの反対の理由の合計8つの理由の口頭練習を始めた。加藤氏の指導時間は、2つの理由を1時間ずつ導入していた。しかし、自分の生徒を見ると、2つの理由を1時間で導入するのは難しいと感じた。
　そこで、思い切って、1つの理由を1時間で導入していくことにした。このペースならば教えている生徒に無理なく練習できると思ったからである。加藤氏は4時間で教えていたが、私は8時間かけて教えることにした。
　このように指導時間を生徒に合わせることで、スムーズに自信を持って発話することができた。

(2) **反論をする**
　一番大きな課題は、どうしたら再反論ができるようになるのか、その指導ステップがわからなかったことだ。特に以下の2つの点についてはイメージできなかった。

> ① どのように反論の感覚を養うのか。
> ② 英語で反論、再反論する指導ステップはどうなのか。

①に関して言うと、日本人は反論したり、再反論したりすることは苦手である。反論しようとすると、感情的になったり、自分の思いが先行したりして、相手の意見に正対していないことが多い。この正対する感覚を生徒が持てなければ、ディベートにならず、単なる言い合いになってしまう。
　この点について、加藤氏の実践ではコンテンツを用いて、わかりやすく反論の感覚を指導していた。
　A：What do you think?
　B：I think that animals in the zoo are happy.
　A：Why?
　B：Because ….
の練習後、様々なキャラクターがそれぞれの理由を言う。
　例えば、"I think that animals in the zoo are happy because they can eat a lot of food."に対して、"I don't agree with you because if they eat a lot of food, they will get fat."と示す。生徒は正対していると理解できる。
　次に正対していない場合も例示する。絵を用いながら、"I think that animals in the zoo are happy because they can eat a lot of food."に対して、"I don't agree because they can't run or exercise."と示す。これなら生徒も正対していないことをスッと理解できた。
　②の部分が今までの大きな壁になっていた。相手の理由を聞いて、反論、再反論できるかである。
　追試をする前に、加藤氏にしつこく聞いたのもこの部分であった。
　始めに一方が理由を主張する。そして、反対側が反論する。ここまでは口頭練習をしているので、できるだろうと予想がついた。
　しかし、この続きが問題だ。反論に対して、再反論しなければならない。再反論は全く口頭練習をしていないのだ。

この部分の加藤氏の実践は、まずは教師VSクラス全体の模擬ディベートを行っていた。教師が理由をいい、クラス全体が反論する。そして、教師が再反論する。次に生徒が再々反論する。これらのやりとりがモデルになるのである。

　加藤氏は「再反論する時、文法は関係なく、まずは英単語だけでいいから相手に伝わればいいと思っている。そして、英単語だけでも相手に伝わったという経験をさせたい。」と言っていた。

　追試の時、生徒達が再反論できるのか不安であった。そこで、1〜2回目は、日本語で反論して良いことにした。生徒達の反論は正対するもの、していないものいろいろあったが、反論する楽しさを感じているようであった。

　2回目に行った時、ある男の子が正対していない反論をした。その時、周りの生徒から「それはちょっと違うんじゃないかな」という声が上がった。生徒達は少しずつ反論の感覚を身につけていた。

　次に反論の中に、必ず英語1語を入れるように指示をした。「いっぱいeat。ふとっちゃう。」などのような文で反論をしあった。

　その後、反論の中に英単語を1語は入れる、2語入れる、英語だけというように段階的に英語の量を増やしていった。

　5回目の教師VSクラス全体の対決は、英語だけのやりとりを行った。やる前までは「英語で言うのは無理なのかな？」と思っていた。しかし、実際やってみると、生徒は英単語とジェスチャーで反論しようと必死であった。文法的には間違っているが、正対した反論であった。

　一人が英語で反論を言えるようになると、「あのように英語で反論すればいいのか。」とイメージを持つことができた。次から次へと手が挙がり、反論してきた。授業を重ねる毎に反論をしようとする生徒達が増えていった。慣れてくると、12回教師と生徒で反論を繰り返した。

ここまでくると、ペア練習でも英語ディベートができると思い、実際やってみた。中には反論ができなく、止まってしまうペアもあった。そこで、加藤氏の実践の通り、ディベートに役に立つ表現を導入した。反論が思い浮かばなかった時の表現"Let's go to the next topic."を教えた。この表現を使うことにより、ディベートを続けることができた。

3 大失敗の第1回ディベート大会
　ペア練習の様子を見ていると、ディベートができるだろうと感じた。そこで、ディベートに向けて反論の内容等を事前に調べてきても、いいことにした。
　当日は3〜4人のグループに分かれて、初めてディベートに挑戦した。理由を言う、反論を言うここまではスムーズであった。その後の再反論で、初めての内容が飛び出してきた。言われた側の生徒は単語の意味がわからずに、What's "wild instinct" in Japanese?と尋ねた。相手側は英単語の意味を教えた。しかし、ピンとこないようでもう一度尋ねる。そんなやりとりだけで、時間が終わってしまった。単語を聞き合おうとする姿はよかった。しかし、情報のやりとりという点では失敗に終わった。

A：I think that animals in the zoo are happy.
B：Why?
A：Because they don't have to hunt. So they don't have stress.
B：I don't agree because all animals have wild instinct. So they want to hunt.
A：Pardon?
B：All animals have wild instinct.
C：What's "instinct"?
B："Instinct" is 本能.

A,C,D：??

D：What's "Wild instinct"?

A：Wild instinct is 野生の本能.

　1回目の様子から、ディベートに使う単語をお互いに知っているとスムーズに進むことがわかった。そこで、加藤氏の実践のように今までペア練習や授業で学んだ単語を一覧表にした。それを使って、一人が日本語を言い、もう一人が英語を言うという活動をした。既に口頭練習で慣れている単語なので、生徒も抵抗なく理解していた。このような練習で、生徒の表現や単語の共通基盤を作っていった。

4 第2回ディベート大会

　当日は地域の研究授業も兼ねていた。この頃になると、スムーズに反論することができるようになっていた。1文が言えなかったのが嘘のようである。

　単語練習の成果で、何度も繰り返して単語の意味を尋ねる場面もなかった。また、再反論することも1回目よりスムーズに行われた。そして、今までの練習で出てこなかった話題が出てきても、それに対して即興で答えていた。以下に生徒の発言をそのままのせる。

A：I think that animals in a zoo are happy.

B：Why?

A：Because zoo keeper is kind.

C：I don't agree. Animal, zoo keeper, every day, so they have stress.

D：I don't agree. Zoo keeper is kind so animal like zoo keeper and they don't have stress.

E：I don't agree. Animals don't think that zoo keeper is kind.

F：I don't agree because they are child,ずっと forever zookeeper, communication, so they are not stress, ah, not a stress.

G：Pardon?

F：Ah, animals in the zoo are children の時から、children time, forever, zoo keeper communication, so they not have stress.

B：I don't think that animals in the zoo are not happy, because zoo in the city. So sound very noisy. So they have stress.

D：I don't agree. Zoo has a fence. So sound, sound shut out, so they don't think that noisy. So they don't have stress.

5 2年生 VS 3年生のディベート対決

　第2回ディベート対決から1か月が過ぎた。行事や期末テストなど毎時間練習ができたわけではない。しかし、ここまでくると少し期間があいても、活動はスムーズに行うことができるようになる。

　2年生 VS 3年生のディベート対決を行った。

> 回数を重ねる毎に、コツをつかんでいく。

　この時2年生への指導時間は30時間。また、ディベートは3回目であった。一方、3年生への指導時間は25時間。ディベートは2回目であった。指導時間の差は5時間。ディベート経験は1回2年生の方が多かった。

　実際にディベートを行ってみると、2年生の方が絶えず、ディベートをリードしていた。以下は生徒の発言のままである。

2 A：I don't think that animals in a zoo are happy because zoo is in a

city. So they have stress.

3 B : I don't agree because ….

3 C : Let's go to the next topic.

3 B : I don't agree because a zookeeper is kind. So they don't have stress.（正対していないのがわかり）

2 C : Let's go to the next topic.

3 B : I think that animals in a zoo are happy.

2 D : Why?

3 B : Because they are safe.

2 A : I don't agree because they are safe but this is small. They can't run and exercise.

3 D : I don't agree. I don't have seen small cages. They can run and exercise enough.

2 A : I don't agree. But for example, lions and elephants are very big. But cages are ….

2 C :（2Aを助けるために）

Nature is very large. So they want to live in nature.

3 D : I don't agree because animals have not lived in nature. They don't know nature.

2 E : I don't agree. They have instinct. They want to live nature.

3 F : What's "instinct"?

2 G : It's 野生本能.

2 C : Let's go to the next topic.

2 H : I don't think that animals in a zoo are happy because they can eat food. But they become fat.

3 B：I don't agree because zookeeper control food and they can run and exercise.

2 G：Pardon?

3 B：I don't agree because zookeeper control food and they can run and exercise.

2 A：I don't agree because cages are small. So they can't run and exercise.

（数字の2は2年生、3は3年生を表している）

　以上が清水氏の報告です。

　この本とコンテンツがあれば、TOSS英会話ができる人なら誰でも追試できます。ぜひセミナーに足をお運びいただき、ライブで練習していただいて、生徒たちに英語が使える楽しさ、やりとりの楽しさを味わわせてあげてください。一緒に学びましょう。セミナーでお会いできることを楽しみにいたしております。

[コラム]

TOSS英会話ディベートは追試可能です

　長野県の中学英語教師、清水陽月氏が追試に成功しました。熊本県の中学英語教師、田上善浩氏が追試に成功しました。

　特に田上善浩氏の実践は素晴らしく、私よりも相当上手です。

　田上氏の教室のビデオを拝見しました。

　田上氏の生徒たちは、その日に与えられた論題に対してどんどんディベートを続けていました。

　田上氏の学校が公開研究会の日であり、多くの参観者の前で、生徒たちはディベートの前に相手と意見交換することなくディベートを続けていました。

　このように、TOSS英会話ディベートは、TOSS英会話を指導できる教師ならば誰でもできます。

　ぜひ、セミナーやサークルへ来ていただき、TOSS英会話を練習しませんか。

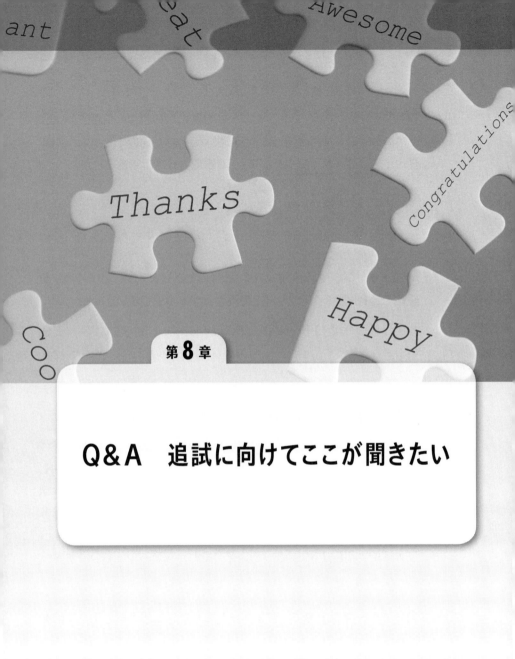

第8章

Q&A 追試に向けてここが聞きたい

Q1 「TOSS英会話ディベート」を取り組む前にどの程度、生徒に実力があればいいですか。「何をどのくらい」できればいいのですか。例えば、ダイヤモンド・ダイアローグで、30秒間で6往復できるとか。

A1 それで良いと思います。ダイヤモンド・ダイアローグで高速のやりとりを体験していれば、準備としては大丈夫だと思います。

Q2 ML（メーリングリスト）の中で、高速化とありますが、どのくらい高速化できればいいですか。（上の質問とかぶってしまいますが）

A2 相手の発言の後、1秒かそれ以下の間の短さで応答できればいいと思います。要するに、翻訳する時間がないくらいの速さです。

Q3 英語の評定で、2程度の生徒でも取り組むことは可能でしょうか？

A3 可能です。評定が2ということは、筆記試験で、つまりいわゆる今の（2013年度）学校英語の評価の中では学力が低いということですね。学校英語の英語力は必ずしも「英語を使う力」「やりとり力」を反映していません。だから、学校英語の枠内で低学力であっても、あまり関係ないですね。今後、評価を「〇〇ができる」という形に変えようと文部科学省も言っていますし、早くそれが広まってほしいです。

Q4 自分でテーマを決めて、ディベートをしたいと思う時、テーマ決めの基準などはありますか？

A4 価値判断に依拠する内容です。「損か得か」です。英語以外の討論の分野では「価値判断」によるものがよく選ばれます。「損か得か」と

いうものが討論のネタになりやすいということです。ですので、もちろん英語のディベートや討論でもその原則は使えると思います。

Q5 ディベートの基本表現：They are safe in the zoo. はどのようにして決めたのですか？　文法的な難度を意識しているのか？　内容に必要なら学年は関係ないのですか？

A5 内容3割、リズム3割、文法が一番比重が高くて4割ですかね。私は中学教師なので、どうしても今の高校入試の縛りを受けてしまいます。今の学力テストや高校入試に文法の知識が必要ですので、それを使い慣れさせたいという意識があると思います。

以上、清水陽月氏からの質問でした。

あとがき

　『子どもが話せるTOSS型英会話指導』(向山浩子、2006、東京教育技術研究所、p.13)から次を引用します。
　私達の課題は子どもの事実、「子どもなりに、英語が聴けて話せる能力」を身につけた子どもの輩出である。状況の設定、これをシンプルでいいから用意して子どもに会話やりとり活動をさせると実績が出るのは間違いない。(中略　加藤)
　　　　(2005年4月17日　TOSS英会話セミナー in 岡山)

　「子どもの事実の実績が出るのは間違いない」と向山浩子氏は2005年に言い切りました。
　そしてそれは2007年に野網佐恵美氏のダイヤモンド・ダイアローグで完全に実現しました。
　TOSS英会話ダイアローグ指導法によって、会話ができるようになるのはもうわかっています。
　「日本人は英語が話せない」と言われ続け、世間の常識でありましたが、TOSS英会話の活躍により、その常識は打ち破られます。
　あとは、TOSS英会話がどれだけ広まるかという問題だけです。

　TOSS英会話の威力は会話だけにとどまらず、今度はディベートまで変えたのです。
　今後は、英語討論までもできる子どもの事実をTOSS英会話は創り出してくれるはずです。
　TOSS英会話の可能性はまだまだ未知数です。

ちなみに蛇足ながら、**TOSS英会話のすごさはそれだけではなく、誰でも追試できる**ということです。
　上達の道筋がはっきりしており、各書籍やセミナーがあり、誰でも学べるということです。

　皆さん、一緒に勉強しませんか。
　TOSSはいつでも、門戸を開いてお待ちしています。

　TOSS英会話ダイアローグ指導を発明し、この本を書くきっかけを作ってくださった向山浩子先生、浩子先生の理論を学校現場で実践しTOSS英会話を発展させていただいた井戸砂織先生、野網佐恵美先生、渡邊憲昭先生をはじめとするTOSS英会話のパイオニアの皆様、TOSS型中学英語授業研究会のメンバーに感謝いたします。
　特に、TOSS型中学英語授業研究会のメンバーは同志です。
　いわゆる「学校英語」に立ち向かう同志です。
　敬意を表し、TOSS型中学英語授業研究会の事務局を紹介します。

代　表	佐藤泰弘		
副代表	川神正輝		
会　員	大鐘雅勝	田上善浩	森田健雄
	佐藤いずみ	清水陽月	加藤 心

2015年7月18日　加藤 心

参考文献
『TOSS型英会話指導の基本』(向山浩子、2003、東京教育技術研究所)
『TOSS英会話指導はなぜ伝統的英語教育から離れたか』(向山浩子、2007、同上)
『「小学校英語」 子どもが英語を好きになる指導の究明』(向山浩子、2010、同上)

著者紹介

加藤 心（かとう　しん）

北海道教育大学教育学部旭川校卒業。愛別町立愛別小学校非常勤講師、北海道教育大学附属旭川中学校非常勤講師、幕別町立札内中学校教諭を経て、現在は音更町立駒場中学校教諭。TOSS型中学英語授業研究会の事務局員として英語の教育の研究にはげむ。各地でTOSS英会話を中心に据えた英語授業のセミナーの講師をしている。

英語（えいご）アクティブラーニング
教室（きょうしつ）に魔法（まほう）をかける！
英語（えいご）ディベートの指導法（しどうほう）

2015年8月1日　初版発行

著　者　加藤（かとう）心（しん）
発行者　青木誠一郎

発行所　株式会社学芸みらい社
〒162-0833 東京都新宿区箪笥町31番 箪笥町SKビル
電話番号 03-5227-1266
http://gakugeimirai.com/
E-mail：info@gakugeimirai.com
印刷所・製本所　藤原印刷株式会社
ブックデザイン・本文組版　エディプレッション（吉久隆志・古川美佐）
落丁・乱丁は弊社宛にお送りください。送料弊社負担でお取替えいたします。

©TOSS 2015　Printed in Japan
ISBN978-4-905374-82-4 C3082

☀ 学芸みらい社 既刊のご案内

日本全国の書店や、アマゾン他のネット書店で注文・購入できます！

分類	書　名	著者名・監修	本体価格
教育関連系（教科・学校・学級）シリーズ			
学校・学級経営	トラブルをドラマに変えてゆく教師の仕事術 発達障がいの子がいるから素晴らしいクラスができる！	小野隆行(著)	2,000円
	ドクターと教室をつなぐ医教連携の効果　第一巻 医師と教師が発達障害の子どもたちを変化させた	宮尾益知(監修)　向山洋一(企画)　谷　和樹(編集)	2,000円
	生徒に『私はできる！』と思わせる超・積極的指導法	長谷川博之(著)	2,000円
	中学校を「荒れ」から立て直す！	長谷川博之(著)	2,000円
	フレッシュ先生のための「はじめて事典」	向山洋一(監修)　木村重夫(編集)	2,000円
	みるみる子どもが変化する『プロ教師が使いこなす指導技術』	谷　和樹(著)	2,000円
道徳	子どもの心をわしづかみにする「教科としての道徳授業」の創り方	向山洋一(監修)　河田孝文(著)	2,000円
	あなたが道徳授業を変える	櫻井宏尚(著)　服部敬一(著)　心の教育研究会(監修)	1,500円
国語	先生も生徒も驚く日本の「伝統・文化」再発見2 〜行事と祭りに託した日本人の願い〜	松藤　司(著)	2,000円
	先生も生徒も驚く日本の「伝統・文化」再発見 【全国学校図書館協議会選定図書】	松藤　司(著)	2,000円
	国語有名物語教材の教材研究と研究授業の組み立て方	向山洋一(監修)　平松孝治郎(著)	2,000円
	先生と子供どもたちの学校俳句歳時記 【全国学校図書館協議会選定図書】	星野高士(監修)　仁平勝(監修)　石田郷子(監修)	2,500円
社会	子どもを社会科好きにする授業 【全国学校図書館協議会選定図書】	向山洋一(監修)　谷　和樹(著)	2,000円
理科	子どもが理科に夢中になる授業	小森栄治(著)	2,000円
算数・数学	数学で社会／自然と遊ぶ本	日本数学検定協会　中村　力(著)	1500円
	早期教育・特別支援教育　本能式計算法	大江浩光(著)　押谷由夫(解説)	2,000円
教育を未来に伝える書			
	かねちゃん先生奮闘記　生徒ってすごいよ	兼田昭一(著)	1,500円
	すぐれた教材が子どもを伸ばす！	向山洋一(監修)　甲本卓司＆TOSS教材研究室(編著)	2,000円
	教師人生が豊かになる 『教育論語』師匠　向山洋一曰く ──125の教え	甲本卓司(著)	2,000円
	向山洋一からの聞き書き　第2集　2012年	向山洋一(著)　根本正雄(著)	2,000円
	向山洋一からの聞き書き　第1集　2011年	向山洋一(著)　根本正雄(著)	2,000円
	バンドマン修業で学んだ プロ教師への道	吉川廣二(著)	2,000円
	向こうの山を仰ぎ見て	阪部　保(著)	1,700円
	全員達成！魔法の立ち幅跳び 「探偵！ナイトスクープ」のドラマ再現	根本正雄(著)	2,000円
	世界に通用する伝統文化 体育指導技術 【全国学校図書館協議会選定図書】	根本正雄(著)	1,900円
	教育の不易と流行	TOSS編集委員会(編さん)	2,000円

2015年7月現在

学芸を未来に伝える
学芸みらい社
GAKUGEI MIRAISHA